［第二版］

ビジネス入門

―新社会人のための経営学―

那須一貴 ［著］

創 成 社

はじめに

　本書は経営学を初めて学ぶ大学生，会社で働き始めた社会人，ビジネスに興味を持った人を対象として，ビジネスの全体像が理解できるようになることを目的としています。

　この本を執筆しようと考えた動機は，私自身が社会人になりたてのころに感じたことまで遡ります。私は大学では文学部の学生でしたが，会社の経営やビジネスに興味を持っていたので，他学部で開講されていた「経営学」の講義を受講しました。毎回の講義はとても面白く興味を引くものではありましたが，講義で紹介される一つ一つのテーマが頭の中でつながらず，大学での学びをどのように仕事に活用することができるのかを理解することはできませんでした。その理由は，私がビジネスの現場で起こっていること，会社の活動の全体像を理解していなかったからです。

　大学を卒業して会社で働くようになり，私も仕事を通じて様々な経験を積み，ビジネスを少しずつ理解できるようになりました。自分の仕事の経験を踏まえて，改めて大学で学んだ経営学の本を読んでみると，それまで雲を掴むような話としか感じられなかったことが現実味を帯びてきました。そして私は初めて，「なるほど，そういうことか」と思えるようになりました。

　この体験から私は，これから経営学を勉強しようと思っている大学生が，ビジネスとは何か，経営学の考え方がビジネスでどのように使われているのかを具体的にイメージすることができれば，より面白く経営学を学ぶことができるのではないかと考えました。

　そこで本書では，私自身の企業での実務経験も活かし，ビジネスの全体像を具体的にイメージできるよう，また経営学の基礎理論を理解することができ，そこから現実に起こっているビジネスシーンでの出来事を自分なりに解釈でき

るよう，解りやすさを重視してまとめました。また章立ても読者の身近で起こっているテーマを先に持ってきました。

まず第1章で現代ビジネスの特徴を，第2章で会社とは何か，について説明しています。次に，皆さんの身の回りにある製品・サービスがどのように企画され，どのような流れを経て店頭に並んでいるのか，また販売価格はどのように決められて，プロモーション戦略はどのような考え方に基づいて実施されているのかを第3章〜第6章で整理しています。ここを読むと，皆さんが買い物に行ったときに店内を見る目はきっと大きく変わってきます。これまでスルーしていたものが，イキイキと皆さんに語りかけてくるでしょう。

ついで，会社の競争というテーマについて取り上げます。第7章〜第9章を読むと，なぜ会社は競争するのか，会社の基本的な競争のスタイルが見えてきます。ここに書いてあることを自分のアルバイト先や興味のある会社に当てはめて考えてみると，自分の働き方についての示唆が得られるかもしれません。

第10章〜第12章は，皆さんが会社で働く上で知っておくべきことです。組織，リーダーシップ，管理，人事制度について学ぶことで，自分のキャリアプランを考える上でも重要な知識が身に付くでしょう。またサークルの運営，アルバイト先での人間関係構築に応用できる考え方も出てきます。経営学が身近な学問だと感じるとともに，心理学や社会学といった領域にも興味が出てくるかもしれません。

第13章〜第14章は財務会計に関する内容です。数字に苦手意識がある方や会計と聞くと「諦めモード」に入ってしまう方でも分かりやすいように説明しています。財務会計の基本は，「どこからお金を集めてきて，何を持って仕事をしているのか」，「そのビジネスは儲かっているのか」，「投資したお金は有効に使われているのか」を判断できるようにすることです。決して難しいものではありません。

各章は完結しているので，興味のある章から読んでも理解できるようになっています。しかし初めてビジネスや経営について勉強する人は，第1章から順を追って読んでいくと「会社」，「ビジネスの流れ」を具体的にイメージできる

と思います。

　また本書は大学生のみならず，これから経営学を勉強しよう，経験的にやってきた仕事を改めて振り返りたい，これまでとは違った視点でビジネスに取り組んでいきたい，新たなビジネスプランを考えたい，と考えているビジネスパーソンが読んでも役に立つ内容になっています。ぜひ日々の仕事と本書に書いてあることを結び付けながら本書を読んでみてください。きっと新たなビジネスの視点を手に入れることができると思います。

　本書が経営学を学ぶキッカケとなり，日々の仕事やビジネスを楽しく充実したものにすることに役立つことを切に願っています。

　2021 年 4 月

那須一貴

目　　次

第 1 章　現代ビジネスの特徴

> **キーワード**
> 価値，ニーズ，市場，市場の境界線，モノからコトへのシフト，ソリューション提案，ネットワーク

　ここではこれから学ぶ「ビジネス」の概要について理解しましょう。ビジネスとは価値を創出し，それを市場で取引する活動です。また最近は，モノからコトへのシフトやソリューション提案の重視，IT技術の進展など，ビジネスを取り巻く環境は大きく変化しています。これらの変化を踏まえて，現代ビジネスの特徴と取り組むべき課題について考えましょう。

1．ビジネスとは

　本書は経営学という学問を取り扱うものであり，その内容は深くビジネスに関わっている。そこでまず，ビジネスとは何かを考えていこう。

　私たちは生活に必要なものを店舗やインターネットで購入する。休日には映画を見たりレストランで食事を楽しんだり，時には家族や親しい人たちと旅行にいくこともある。これができるのも，モノを作る会社，サービスを提供する会社，モノを運ぶ会社などが世の中に多数存在するからである。私たちはそれらを利用して，その対価としてお金を支払っている。そして会社は私たちから得たお金で，モノを作るために購入した材料費や，働いている人々に対する給料，新たな製品やサービスを開発するための研究に必要な費用を支払ったり，将来必要になるお金を貯めたりしている。

　会社がおこなっているこれら一連の活動を「ビジネス」と呼ぶ。つまりビジ

ネスとは，会社が様々なモノやサービスを作り，販売し，そこから利益を得るプロセスである。ここで大切なことは，会社が創り出しているモノやサービスには「価値」があり，その価値を手に入れるために私たちは「対価」としてお金を支払っているということだ。従って，会社が創り出している「価値」を「これは良い，ぜひ手に入れたい，欲しい」と感じた人々が「お客様」になる。

お客様は個人ばかりではない。会社もまたお客様である。例えば，自動車会社は部品を作っている会社から必要な部品を買って，自動車を組み立てて販売している。旅行会社はホテルや旅館から宿泊できる部屋を購入して，旅行者に販売している。飲食店の中には，地域の農家から直接野菜を仕入れて料理を作っているところもある。このように最終消費者である個人と直接取引をするビジネス（Business to Consumer, B to C）と，会社や生産者と取引をするビジネス（Business to Business, B to B）が存在する。

また世の中には似たような製品やサービスを提供している会社が存在する。このような会社はお互いに競争関係にある。それぞれの会社が1人でも多くのお客様を獲得しようとしているし，また1つでも多くの製品やサービスを買ってもらおうと努力している。そのために競争相手よりも安い価格で販売することができる方法を考えたり，自分達の製品やサービスが競争相手の製品やサービスよりも素晴らしいことをアピールしたりしている。

この競争に負けてしまうと会社の売上が下がり，その結果利益も減ってしまうので，会社の経営状況が悪くなってしまう。会社の経営状況が悪くなると，その会社で働いている人々も将来に不安を感じて辞めてしまうかもしれない。競争に負けないようにすること，会社が成長し続けるようにすることは，会社にとって死活問題である。

会社の活動はお客様や競争相手のみならず，広く世の中にも大きな影響を与えている。私たちも仕事をして収入を得て，そのお金を使って必要なモノやサービスを買い，将来のための貯金や投資をしている。会社は自身の事業活動が社会に迷惑をかけないよう，廃棄物のリサイクルを推進したり，排気ガスや排水をキレイにして環境汚染につながらないようにしたり，地域の活動にも積

極的に参加したり，利益の一部を社会のために必要な活動に寄付したりしている。また会社の中には，美術館や音楽ホールを運営して市民の方々に利用してもらっているところもある。そして会社は自分たちが稼いだ利益の一部を税金として，国や自治体に納入している。

　以上を踏まえて整理すると，ビジネスとは，「モノやサービスを創り出し，それを市場で売り，利益を得て，更なる成長・拡大を実現するために再投資をする一連の活動」であると定義することができる。「モノやサービスを創り出し，それを市場で売って利益を得る」ためには，そのモノやサービスに価値があり，それを求め対価を支払ってくれる人々がいることが条件である。この取引は1回で終わってしまうのではなく継続しておこなわれ，それが社会全体をより良いものにしていくので，その活動の成長・拡大が求められる。そのために先の取引で得られた利益を再投資する。この一連の活動がビジネスである。

　このビジネスをおこなう組織体を「会社，企業」と呼ぶ。会社・企業では多くの人々が働いており，様々な役割をこなして，労働に対する対価を得ている。モノを作っている人，設計している人，研究している人，営業している人，修理をしている人，会社のお金を管理している人，会社で働く人々に関わる仕事をしている人，会社の経営に関わる人，様々な役割をこなしている人々が沢山いる。これら会社で働く人々が担っている役割が「仕事」である。

　会社で働いている人々は，お金を稼ぐためだけに仕事をしているのではない。仕事を通じて「やりがいや達成感」を感じて，楽しく，イキイキとしている。また働く人々同士がコミュニケーションを取り合い，協力しあって，共通の目的に向かって仕事をしている。この働く人々のグループを「組織」と呼ぶ。会社は組織の集合体なのである。

　またビジネスをおこなうためにはお金が必要である。これを「資金」と呼ぶ。会社は自分達のビジネスにお金を「投資してくれる人や会社」，お金を「貸してくれる（融資）人や会社」からお金を集めている。会社にお金を投資してくれたり貸してくれたりする人や会社の代表的なものが，「投資家」や銀行などの「金融機関」である。会社は自分たちがビジネスを通じて獲得した利益の一

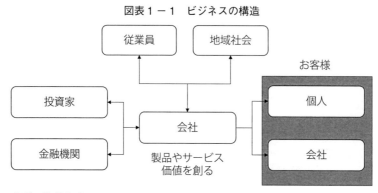

図表 1 - 1　ビジネスの構造

出所：筆者作成。

部を，投資家や金融機関に投資や融資の対価として支払っている。これが「配当金」や「利子」である。

　以上を整理すると，図表1 - 1の通りとなる。このようにビジネスとは，多くの人々や組織の関わりによっておこなわれる経済活動であり，価値を創り出してそれを市場で取引し，そこから利益を得て成長・拡大し，世の中の発展に寄与する一連の活動なのである。

2．産業，業界，会社の連携

　このように私たちが生活している社会では，様々な会社がビジネスを営んでいる。それでは次に，このビジネスをより大きな視点から眺めてみよう。

　まず一番大きな括りは「産業」である。産業は農林水産業の「第一次産業」，製造業，建設業，鉱業などの「第二次産業」，第一次産業と第二次産業以外でサービス産業とも呼ばれる「第三次産業」の3つに分類できる。

　図表1 - 2には国内生産額の産業別の内訳の推移が示されている。これによれば，2015 年には国内生産額の62.9％を第三次産業が占めており，その割合は 2005 年以降拡大傾向にあることが解る。

　この産業構造の中心を担っているのが会社である。日本の統計 2020（総務省）

図表1－2　国内生産額の産業別構成比

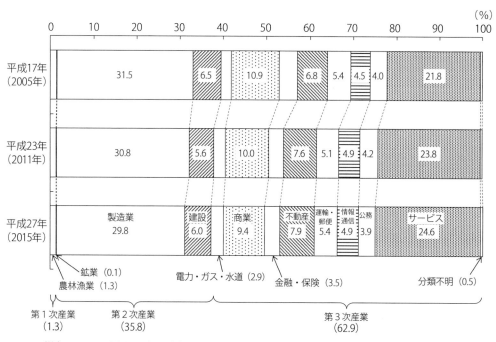

（注）　1　この図は13部門分類による。
　　　　2　この項目における第1次，第2次及び第3次産業と13部門分類との対応関係は，
　　　　　　次のとおりである。
　　　　　　　第1次産業：「農林漁業」
　　　　　　　第2次産業：「鉱業」，「製造業」，「建設」
　　　　　　　第3次産業：上記4分類以外の分類
出所：「平成27年（2015年）産業連関表（要旨）」令和元年6月　総務省 p.8。

　の産業別企業数と売上金額[1]によれば，2016年の全産業の企業数は約390万
件で，売上金額は1,625兆円である。また民営事業者数と従業者数はそれぞれ
約534万件，約5,690万人であり，うち法人事業所数は約330万件，従業者数
は約5,100万人となっている。つまり，産業構造を形成している経営組織のう
ち，約60％が会社の形態をとっており，これら産業の従業者数の約90％が会
社で業務に従事しているのである。
　　これら産業の中には，似たようなビジネスに従事している会社が存在する。

例えば，自動車を作っている会社は複数存在するし，銀行も多数ある。飲食店も沢山あるし，ホテルや旅館も無数に存在する。

　この「似たようなビジネスに従事している会社のグループ」を「業界」と呼んでいる。自動車業界といえば，「自動車に関わるビジネスを営む会社のグループ」であるし，「建設業界」といえば「建設に関わるビジネスを営む会社のグループ」である。

　これらの業界は，それぞれが独立してビジネスをおこなっている訳ではなく，密接に関係し合っている。例えば観光ビジネスであれば，観光客が利用する飛行機，電車，バスは「運輸業界」，ホテルや旅館は「宿泊業界」，飲食店は「飲食業界」である。このように複数の業界が繋がり，協力し合って，「価値」を作り出している。この様々な産業の相互関係を「産業構造」という。

　産業構造の中では，業種業界を超えた連携がおこなわれている。第一次産業が生産した原材料を第二次産業で製品に変えて，第三次産業を通じて消費者に届けている。また第二次産業の中では，元請―下請といった関係や共同開発・共同生産といった協力体制を組んでいる場合もある。第三次産業においても，物流・保管・販売・アフターサービスといった様々な活動が１つの企業の中でおこなわれることもあれば，企業同士が連携してこれらのサービスを提供している事例もある。また最近ではこの産業の相互関係の中に消費者も参加して，消費者視点の新しいアイデアを創り出して新製品開発・新サービス開発をおこなっている事例もある。

３．ビジネスの舞台としての市場

　ビジネスは「市場」を舞台として繰り広げられている。そこで市場の役割と特徴を考えてみよう。

　市場とは，「売り手と買い手が出会い，取引をする場」である。買い手は自分の目的やニーズを満たすことができる製品・サービスを探しており，売り手は自分達の製品・サービスを買い手に購入してもらおうと宣伝活動，プロモー

ション活動，営業活動をおこなっている。

　市場は，そこで活動する企業や消費者の行動による影響のみならず，外部要因の変化にも大きな影響を受ける。政策や規制が変わることによって，新たな市場が創出されたり，新たな売り手が市場に参入したりすることがある。

　例えば，規制緩和によりそれまで存在した業界への参入障壁が低くなり，新たに多くの民間企業がその業界へ参入するケースがある。通信業界や航空業界，エネルギー業界への民間企業の参入や，異業種からの金融業界への参入などがそれである。

　また経済状況の変化によっても，市場が急拡大したり縮小したりすることがある。為替が変動すれば輸入品の価格が変動し，それによって需要も変化する。景気が良くなれば消費は増えるだろうし，景気が冷えれば買い控えが始まる。

　更に人々のライフスタイルの変化や新しい技術の開発は，それまで市場で取引されていた製品・サービスに対する評価を変え，全く新しい市場を創り出すことがある。スマートフォンの普及は買い手が持つ情報量を増やし，購買スタイルを大きく変えた。自動車の自動運転技術は車の評価基準を，「走行性能が高いか低いか」から「移動中に何ができるか」に変えていくだろう。

　このように市場は，政治，経済，社会，技術といった市場の外部で起こっている世の中の変化による影響を強く受けているのである。

　また市場内部の会社の動きも，市場の構造に大きな影響を与えることになる。数多くの会社がその市場に参入してきたり，各社が同じようなものを市場で販売して競争したりしていたのでは，価格競争に陥って各社の利益は減少してしまう。そこで会社は他の会社がその市場に参入してこないように様々な参入障壁を築いたり，特定の買い手に絞り込んだ製品・サービスを提供して差別化をおこなったりするなどして，価格競争に陥ることを避けようとするのである。

　これまでの議論を踏まえて市場の特徴を整理すると，ビジネス市場では以下のような活動が繰り広げられている。

① 似たようなニーズ・目的を持った売り手と買い手が出会い，取引をおこなう。

② 売り手は互いに競争し合い，時には協調しあって取引を増やそうとする。

③ 買い手は情報交換をおこなったり協力し合ったりして，自分達のニーズを満たすより良い製品・サービスを探して購入する。

④ 市場は外部環境要因によって影響を受け，拡大したり縮小したりする。

⑤ 市場に新たに参入を試みる売り手もあれば，ビジネスが不調で撤退する売り手もいる。

⑥ 外部環境の変化は新たな市場を創出することもある。

　これを図に表すと図表1－3の通りとなる。

図表1－3　ビジネスの舞台としての市場

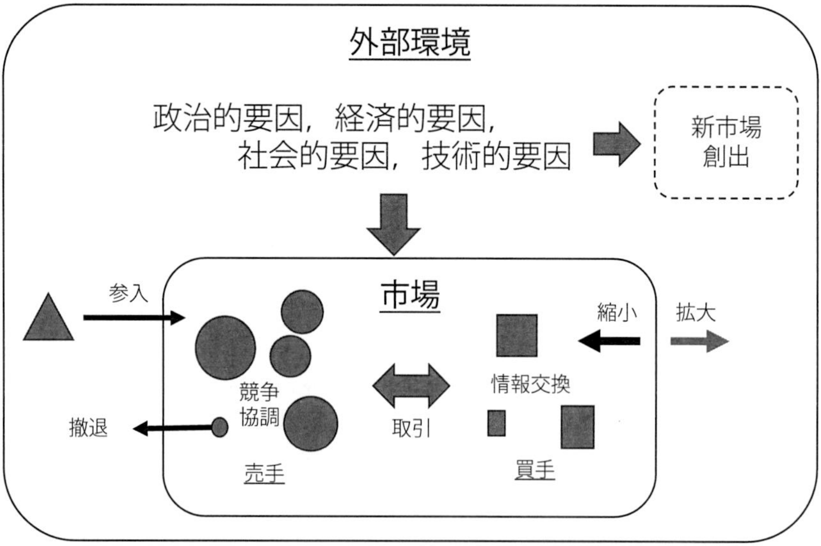

出所：筆者作成。

4.「モノ」から「コト」へのシフト

　現代のビジネスでは，産業構造の中身が大きく変化し始めている。その最大のものは「モノ」から「コト」へのシフトである。これに伴って，会社の行動も大きく変化している。

　これまで多くの会社は，目に見える「モノ」の提供を通じて価値を作り出していた。モノを作る技術（生産技術）やモノを届けるサービス（物流）が進歩し，大量生産・大量消費を実現し，ありとあらゆる場所に必要なモノがいきわたる豊かな社会を作りあげた。しかしこれが会社に行動の変化を余儀なくさせた。市場に似たような製品が溢れることとなったからである。

　消費者は「同じようなものなら，価格が安い方が良い」と考えるので，会社は価格競争を強いられることとなった。このように製品が陳腐化してしまい，需要と供給のバランスだけで価格が決まってしまうようになることを「コモディティ化」と呼ぶ。自社製品やサービスがコモディティ化した結果，会社は十分な利益を獲得することが難しくなったのである。

　そこで会社は，モノではなくサービスで差別化をおこなった。具体的には，会社は製品の購入前，購入後の消費者の課題を解決するためのサポートを有償・無償で提供し，消費者の利便性を高めて他社との差別化を図ろうとしたのである。例えば，家電を買う際に使わなくなった家電を無償・有償で引き取ったり，新たに購入した家電を自宅まで運んで設置するサービスをしたり，購入後一定期間は無償で返品を認めたり，無料で修理を引き受けたりする，といったものである。しかしこれも競合他社にマネされやすく，また手厚いサービスを提供するためのコスト高が会社の利益を圧迫した。

　このような状況を打破するために，会社は顧客の「体験・経験」に着目した。つまり，「製品やサービス」で違いを打ち出すのではなく，お客様が自社と取引をすることで心地よい「体験・経験」を味わってもらうことができれば，競争相手ではなく自社を選んでくれて，尚且つ高い金額を支払ってくれるのでは

ないか，ということである。

　パインとギルモア（1999）は「経験」を新たな「経済価値」であると考え，消費者に対して心地よい経験を提供することの重要性を指摘している。消費者にとっての心地よい経験とは，サービスや製品を使う場面に留まらず，消費者がその製品・サービスと出会い，それを購入して消費し，再購入に至るという一連の流れ全てを含んでいる。そのため「ユーザー・エクスペリエンス（User Experience, UX）」と呼ばれる消費者との接点を通じた心地よい経験を提供したり，ストーリー・マッピングという技法を用いて消費者が心躍らせるような製品やサービスを使う場面を作ったりするなど，会社は様々な付加価値を提供する方法を考えて実行しているのである。

　またシュミット（1999）は，製品特性とそこから得られる便益というモノを中心とした伝統的マーケティングに対して，経験価値マーケティングという考え方を提唱した。シュミットは，消費者が感じる価値として，①感覚的経験価値（SENSE），②情緒的経験価値（FEEL），③創造的・認知的経験価値（THINK），④肉体的経験価値とライフスタイル全般（ACT），⑤準拠集団や文化との関連付け（RELATE），の５つを指摘している。会社はこのような要素を消費者が製品を使う際の体験に織り込むことで，他社との差別化を実現しようとしているのである。

　また製品の存在そのもの，所有することの喜びで他を圧倒しているラグジュアリーブランドなど，強力なブランド力によって他との差別化を実現している企業も世界的には多数存在している。

　モノからコトへのシフトは会社対会社の取引（企業間取引，BtoB）においても顕著である。企業間取引で重要なことは，先の企業間連携でも述べたが，長期的に安定的な関係を構築することである。そのためには取引先にとって不可欠な存在になる必要があり，そのために売り手は買い手に対して「課題解決策（ソリューション）」を提案するのである。課題解決策の提案では，売り手は買い手の課題解決のみならず，買い手の顧客のことも考えて最適な提案をすることが求められる。

図表1-4　ソリューション提案の種類と企業間の関係

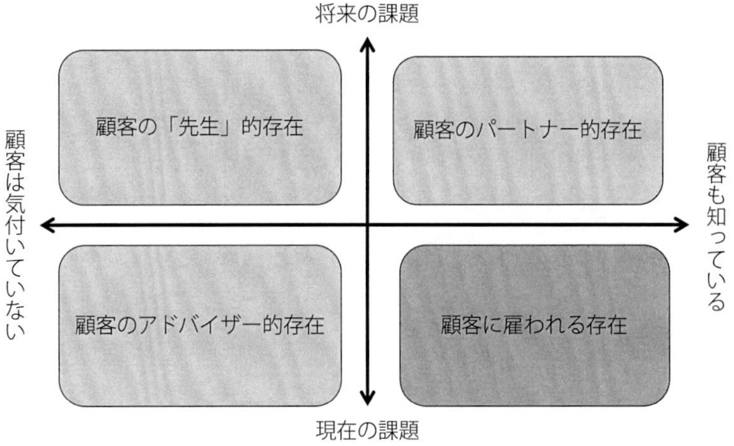

将来の課題

顧客は気付いていない	顧客の「先生」的存在	顧客のパートナー的存在	顧客も知っている
	顧客のアドバイザー的存在	顧客に雇われる存在	

現在の課題

出所：筆者作成。

　図表1-4は企業間取引における売り手と買い手の関係性をソリューション提案の内容で分類したものである。売り手が買い手に提案することが将来の課題解決策か，現在の課題解決策かを縦軸に示した。横軸には，その課題を買い手（顧客）が知っているか，気付いていないかを表した。

　買い手（顧客）が既に認知している現在の課題については，買い手は多くの売り手に対して解決策の提示を求めることができるため，売り手は「顧客に雇われる存在」にしかなれない。しかし現在の課題であってもそれに顧客が気付いていなければ，売り手は「顧客のアドバイザー的存在」となることができる。顧客が問題に気付いてもそれが将来の課題であれば，売り手は顧客とともにそれを解決するための「顧客のパートナー的存在」になるだろう。もし顧客も気づいていない将来の課題を売り手が発見しその解決策を提案することができれば，売り手は「顧客の先生的存在」となることができる。

　このように，顧客である買い手企業の更なる発展を実現するために不可欠なパートナーとなることが企業間取引においては重要であり，それを実現するためには「課題解決策」という目に見えない「コト」が不可欠なのである。

　この動きは全ての産業界で生じており，産業構造のあり方をハード重視からソフト重視へ，価格重視の短期的な取引関係から課題解決を通じた付加価値を重視する長期的な取引関係へと変化させることとなった。

5．ネットワークでつながる社会と企業行動

　「モノ」から「コト」へのシフトは，IT 技術の進展と SNS など双方向での情報のやり取りが可能となったことでより一層加速することとなった。インターネットは企業間連携の形をさらに変化させていくこととなる。この変化に大きな影響を与えているのが消費者の行動の変化である。

　「コト」は目に見えないため，直接手で触って確認することはできない。従って自分で体験・経験して初めてその価値を理解することができる。そのため消費者は，「コト」の購入においては常に不安にさらされることになる。この不安を解消するために大きな役割を果たしているのが，インターネット上で消費者が発信する様々な情報である。

　従来の企業と顧客の関係では，企業側の方が顧客よりも多くの情報を持っており，この情報の非対称性によって顧客に対する優位性を作り出していた。しかし今や，SNS 等を通じて消費者はユーザーの使用体験を共有することができるようになり，その結果企業と顧客の間にあった情報の非対称性は解消され，多くの消費者が様々な情報に基づき比較検討をおこなったり，その情報を使って価格交渉をおこなったりできるようになった。

　さらにマニアと呼ばれるような先進的な消費者は独自のアイデアを持っており，既存の商品を改良したり，新たな使い方を考えたりしている。ヒッペル(2005)はこれをリードユーザーイノベーションと呼び，変革を起こす主体が企業から消費者に移っていることを指摘した。最近ではユーザーが開発段階から関わったヒット商品も多い。インターネットを活用することで世界中からアイデアを募り，それを実現することも可能である。

　またインターネットは新しいビジネスモデルを創り出した。その代表的なも

のがプラットフォーム型のビジネスである。プラットフォーム型ビジネスとは，企業やユーザーを結び付けるインフラやルールを提供することで利益を得るビジネスのことである[2]。その背景にはネットワーク効果があり，利用者が増えれば増えるほど利便性が高まり収益性も高まる。

　プラットフォーム型ビジネスの中でも，多くの人々が取引をするための場を提供している代表格として，アマゾン，楽天市場，Airbnb などがあげられる。IT とインターネットを使った新しいビジネスモデルは，それまでのビジネス上の制約を取り払い新たなビジネスチャンスを作り出した。

　また新しいルールを提供するタイプのプラットフォームの代表格はインテルである。インテルは，マイクロプロセッサーとそれを活用する周辺機器の接続の新たなルールである USB を使って，パソコンの利便性を高めてユーザー体験を広げることに成功し，IBM から業界リーダーの座を奪った。

　このように現代のビジネスは，モノからコトへの流れに続き新しい仕組みで競争する段階に至っている。今後は AI に代表される様々な技術開発により，これまでの価値観が大きく変化する時代に入っていくこととなる。例えば車の自動運転は，運転という制約を無くすことでより快適な移動を実現するとともに，車という移動空間で何が出来るかに価値の重点を移すことになる。その結果，従来は自動車産業とは関係が無かった業界と自動車産業が結びつき，新たな企業間連携を創りビジネスチャンスを掴み取っていくこととなる。現代の企業経営では，このような大きな変化への対応を求められているのである。

6．デジタルトランスフォーメーション（DX）

　2020 年に世界を襲った新型コロナウィルスの影響によって，様々な分野で非接触を求める風潮が生じた。その結果，リモートワーク，オンライン会議が日常化し，日本においてもデジタル技術を活用した既存業務の改革が進むことになった。また小売店においてバーコード決済が普及してキャッシュレス決済の比率が増え，飲食店において接客用ロボットが使用されるなど，これまで人

がおこなっていた業務を機械に置き換えることによるコスト削減が進んでいる。ビジネスモデルの領域でもデジタル技術を活用したサブスクリプション，シェアリング，動画のストリーミングサービスなどが一般化し，ChatGPT など人工知能チャットボットが登場したことによる社会への影響など，ビジネスを考える上でもデジタル化は重要なキーワードになっている。

　企業がデジタル化を進めるにあたり重要なことは，変化に素早く・柔軟に対応できる態勢を作ること，継続的に変革し続けること，最終的に消費者（ステークホルダー）に価値を届けられること，である[3]。これからの企業戦略においてデジタル化は避けて通ることができないテーマになってきている。

【注】

1）　日本の統計 2020（総務省）7-2　産業別企業数と売上（収入）金額。
2）　経営学用語ハンドブック（2019）p.213。
3）　庄司他（2023）p.5。

参考文献

　伊丹敬之・加護野忠男「ゼミナール経営学入門　第 3 版」（日本経済新聞出版社，2010）

　入山章栄「世界標準の経営理論」（ダイヤモンド社，2020）

　サイコム・インターナショナル監訳「民主化するイノベーションの時代」（ファーストプレス，2006）［原典：Eric von Hippel, Democratizing Innovation, 2005］

　庄司貴行他監修　立教大学ビジネスデザイン研究所編「デジタル＆デザイン・トランスフォーメーション」（創成社，2023）

　亀川雅人編集「経営学用語ハンドブック」（創成社，2019）

　嶋村和恵・広瀬盛一訳「経験価値マーケティング」（ダイヤモンド社，2000）［原典：Bernd H. Schmitt, Experiential Marketing,1999］

　長尾高弘訳，PRTM 監訳「オープンイノベーション」（英治出版，2010）［原典：Henry Chesbrough, Wim Vanhaverbeke, and Joel West, Open Innovation, 2006］

　総務省「平成 27 年（2015 年）産業連関表（要旨）」（2019 年 6 月，総務省）

　総務省統計局「日本の統計　2020」（総務省統計局，2020）

第2章 会社，経営理念，企業の社会的責任

> **キーワード**
> 会社の形態，株式会社，経営理念，組織文化，CSR，CSV，フェアトレード

　ビジネスの中心にあるのは会社です。なぜビジネスをするにあたって「会社」という形態を選ぶのでしょう。会社の果たす役割や会社形態でビジネスをするメリットについて考えていきます。また会社と社会の関わりを理解することも大切です。そこで，本章ではCSRやCSV，フェアトレードといった話題にも触れています。会社と社会が共存するために何をすべきかを考えていきましょう。

1．ビジネスをおこなう方法

　ビジネスをおこなう方法としては，「個人でやるか」，「複数人で協力してやるか」に二分することができる。複数人で協力してやる場合，会社という形態をとることが多い。前章で述べた通り，ビジネスに従事している組織のうち約60％が会社という形態をとっている。なぜ個人でビジネスをおこなう人よりも会社でビジネスをおこなう人の方が多いのだろうか。

（1）個人でビジネスをおこなう

　個人でビジネスをおこなうことは勿論可能であり，多くの個人事業主と呼ばれる人々がビジネスに従事している。個人でビジネスをおこなうメリットは，

簡単にビジネスを始めることができることと，自分のやりたいようにビジネスができることだろう。会社を設立する必要がないので，思い立ったら今日からでも始めることができる。1人でビジネスをおこなっているので，自分のやりたいことを自分のやりたいようにできる。

　しかし自分1人でやっているので，仕事が増えてきて自分1人で出来る仕事の量を超えてくるとそれ以上をこなすことは難しい。そのためビジネスの成長という点では早く限界を迎えてしまうかもしれない。

　またビジネスを始めるためには様々な準備が必要だ。事務所は自宅を兼用するとしても，机を買ったり，パソコンやプリンターを買ったり，電話も新たに契約しなければならないかもしれない。ビジネスを始めるための準備に必要なお金（先行投資）が必要になってくる。

　先行投資に必要なお金を集めるために，自分の貯金を取り崩すこともあれば，銀行などの金融機関から自分名義でお金を借りる場合もある。しかし個人で集められるお金には限りがある。金融機関も個人で返済できる範囲しかお金を貸してくれない。もしビジネスに失敗して借金が残ったら，一生かけて返済しなければならない。

　このように個人でビジネスをおこなう場合，ビジネスが成長してくると，こなせる仕事の量という点でも必要なお金を集めるという点でも，いずれ限界を迎えてしまうのである。

（2）複数の人と協力してビジネスをおこなう

　個人でビジネスをおこなうことに限界を感じたら，協力してくれる人（パートナー）を募って一緒にビジネスをやることを考えるだろう。パートナーと仕事を分担することもできるし，困った時には相談することもできる。

　一方で，パートナーと仕事をする時に問題となるのは「責任の分担」である。パートナーと共同経営という対等な立場で仕事をしようとするのであれば，全ての責任を対等に分担する必要がある。つまり，ビジネスを始めるにあたって必要なお金を用意すること，金融機関からお金を借りる際には返済を保証する

こと，お客様から依頼された仕事をキチンとこなすことなど，すべての責任を「連帯責任」で負わなければならない。個人でビジネスをおこなう時と同じように，パートナーとは共同して一緒に仕事をしているのだから，もし借金が残ってしまったら，パートナーと協力して一生かけて返済しなければならない。

　したがってパートナーを選ぶ際には，信頼関係が大変重要となる。誰でもパートナーになれるわけではない。お互いに深い信頼関係で結ばれていなければ，協力してビジネスをおこなうのは難しいのである。

（3）会社を設立してビジネスをおこなう

　個人でビジネスをおこなうとき，複数の人と協力してビジネスをおこなうとき，それぞれに共通していた「悩み」は，「資金の調達」である。自分達のお金（自己資金）を出す人数は限られている。また金融機関から借り入れるにしても，その返済の責任を一生負うことになるので，ビジネスに失敗した時のリスクを考えると大きな金額を借りることはできないし，金融機関も貸してはくれないだろう。

　また自己資金を会社に投じてくれて，会社の借金の返済を一緒に負担してくれる人は，当然のことながら会社の経営にも関与してくる。深い信頼関係で結ばれている人の数にも限界はある。またお金を出してくれる人が必ずしも素晴らしい経営者であるとは限らない。

　これらの問題を解決するためには，「多くの人々から広くお金を集めること」，「お金を出してくれる人に会社の借金の返済義務を負わせないこと」，「お金を出す人と，会社を経営する人を分けること」を実現しなければならない。

　これを実現したのが，株式会社という形態である。株式会社という形態をとることで，投資家による少額の出資を可能にした。また投資家の責任範囲は出資した金額までという有限責任にし，出資する人と経営する人を分けることができる。

　つまり会社という形態をとってビジネスをおこなうことにより，多額の資金を集めることができ，これによりビジネスの規模を拡大することができる。また多くの人々が出資しているということで社会的な信用も得やすく，取引を拡

大しやすくなるというメリットも得られるのである。

2. 会社の形態

(1) 経営の目的による分類

　より詳しく会社を理解するために，会社を経営目的，出資形態，所有形態で分類し，それぞれの特徴をみていこう。

　会社を経営する目的で分類すると，生業的経営，家業的経営，企業的経営に分類できる。生業的経営とは事業主とその家族の生活基盤の維持に重点を置くもので，家族労働が中心である。地域の商店街にある個人商店や，大企業の下請や部品加工，地場産業に多い食料・衣料の製造・販売業などを営む零細企業などが該当する。

　家業的経営は生業的経営から始まりそれが代々受け継がれて続いているものである。老舗の料理屋，旅館，酒蔵などが該当する。

　企業的経営には明確な定義はないが，一定数以上の従業員を雇用して，継続的・計画的に意思決定をおこない，組織体として事業を運営しているものである。

(2) 出資形態による分類

　会社を出資形態で分類すると，個人企業，合名会社，合資会社，合同会社，株式会社に分類することができる。これは出資形態と出資者の責任範囲の違いに基づく。

　個人企業は個人が出資しており会社の経営と負債に対しては出資者が無限責任を負う。無限責任とは，負債を完済するまで返済義務を負う，ということである。合名会社は複数の出資者が出資し経営の任に当たるが，全員が無限責任を負う。

　これらに対して，合資会社は出資の限度までの責任を負う有限責任社員と，無限責任を負う無限責任社員が存在する。合同会社と株式会社の出資者は全員が有限責任である。株式会社の場合には株式という有価証券を発行することにより，広く出資者を集めることができるという特徴を有している。

（3）所有形態による分類

　会社を所有形態で分類すると，オーナー経営，同族経営，所有と経営の分離，の3つに分類することができる。

　オーナー経営とは，出資者自らが経営者となっており所有と経営は分離していない。帝国データバンク（2016）によれば，日本においてはオーナー企業の株式会社の比率は77.3％となっている。同族経営とは，特定の親族などが50％以上の株式を所有する会社のことであり，株式の保有に加えて経営者や取締役を一族から出している企業もある。

　これらに対して所有と経営の分離とは，株式所有者が増大・分散した結果，専門経営者が企業経営の任に当たっている会社のことである。企業規模が大きくなると，出資者の人数も増えるため，出資者が直接経営に関与する割合は減少する。また経営者の出資者に対する利益責任は大きくなり，出資者が提供した資金をどのように使って経営をしたのかが問われることとなる。そこで会社の所有者である株主は，専門経営者を雇って会社の経営を委任するようになる。これが所有と経営の分離である。

3．株式会社

（1）株式会社の特徴

　日本の会社で最も数が多いのは株式会社である。株式会社はビジネスを成長させていく上で非常に便利な会社形態である。

　株式会社の1つ目の特徴は，「会社にお金を出す人（所有者）」と「会社を経営する人（経営者）」を分離することができることである。これを「所有と経営の分離」という。個人企業，合名会社，合資会社といった他の会社の形態では所有者と経営者を分離することができない。その理由は所有者である出資者が無限責任を負うからである。会社の負債に対して無限責任を負っているのであるから，その会社の経営を他人に任せるわけにはいかない。

　2つ目の特徴は，出資者は会社が潰れてしまったとしても自分が出資したお

金を諦めることで責任は終わる（有限責任）。会社の負債に対してまで責任を負う必要はない。

　3つ目の特徴は，出資者は自分の出資分を原則として他人に譲渡することができる。いわゆる「株の売買」である。株式は「有価証券」であり，売買ができる。株式を売買する市場を「株式市場」といい，株式市場で株式を自由に売買できる会社を「上場企業」という。したがって株主は自分の出資分を回収したければ，株式を別の人に売却すれば良い。株式会社以外の会社形態の場合，出資者の人的つながりが重視されているため，自由に出資分を別の人に譲渡することはできない。

　これら3つの特徴を活用することで，株式会社はビジネスに必要な資金を幅広く集めることができる。これが株式会社でビジネスをおこなう最大のメリットである。

（2）株主の権利

　株式を所有する投資家のことを株主という。株式会社は株式を発行し，投資家はそれを購入して会社へ出資する。株式には額面金額が定められている。例えば，額面1,000円の株式であれば，1万円で10株買うことができる。

　また株主となることで以下の権利を得ることができる。

① 株主総会での投票を通じた経営の意思決定への参画

　株式会社の最高意思決定機関は株主総会である。株主は株主総会に出席して意見を述べることができる。株主総会では株主による多数決で決定するが，株主は1株につき1票の投票権を持っている。

② 剰余金配当請求権

　株主は会社の所有者である。したがって，会社の利益は株主のものである。そのため株主には会社の利益を株主に配当するよう請求する権利が認められている。

③　残余財産分配請求権

　株式会社を清算することになった場合，全ての負債・税金等の支払いが終わったあとで会社に残った資産があれば，それを出資比率に応じて分配するよう請求する権利がある。

（3）株式会社の機関

　株式会社の根幹にあるのは，「株主総会」と「取締役会」である。

　株式会社の最高意思決定機関は株主総会である。株主総会には定期的に開催される定時株主総会と必要に応じて開催される臨時株主総会がある。

　株主は株式会社の所有者であり，株主総会における投票を通じて経営に関する意思決定をおこなうことができる。しかし株式会社が大きくなり株主の数も増えてくるにしたがって，株式会社の経営に関して積極的に関与しようと考えている株主の割合は減少する傾向がみられる。

　そのため実際の会社の経営は，株主総会の選挙で選ばれた取締役に委任されているのである。これが先に述べた「所有と経営の分離」である。

　取締役は株主総会で株主の選挙によって選ばれる。株主総会で選ばれた取締役により取締役会が組織され，株主に変わって会社の経営管理をおこなっている。取締役の中から，取締役会を代表する代表取締役が選ばれ，会社の経営業務全般を担う「社長」として業務を遂行している。したがって，株主から見て経営状況が芳しくないと判断されると，取締役は株主総会で解任されてしまう。

　しかし「株主の利益を確保すること」＝「良い経営」とも限らない。なぜなら，株主は「できれば短期間で利益を上げたい」と考える傾向があるのに対して，取締役は「中長期的な視点で持続的な会社の成長発展に必要なことをやりたい」と考える傾向があるからである。

　会社の短期間の利益ばかりを追求してしまうと，将来の会社の成長に必要な研究投資費用を削減するという決定をするなど，将来の会社の存続を危うくしてしまう経営方針が打ち出されてしまうかもしれない。これでは，その会社で働いている社員が安心して働くことはできない。そのため取締役会は株主に対

して，経営方針をキチンと説明し，理解してもらう責任を負っている。

　また，以前は取締役が会社の経営管理に加えて業務執行まで担っていた。そのため取締役の数が増大し，取締役会を開催することが困難となるなどの弊害が発生していた。この問題を解決するために現在多くの会社では「執行役員」を任命し，経営管理を取締役が，業務執行を執行役員が担うことにしている。これにより取締役会のスリム化が進み，取締役会の形骸化を防いでいる。

　一方の株主にとって，本当に取締役会は株主の利益を考えて経営をしているのか，自分達の利益を最優先に考えているのではないか，という不安は付きまとう。取締役の不正事件が発生して会社の経営が傾いた，というニュースは多数報道されている。しかし株主が直接会社内の経営行動を監督したり，頻繁に経営状況を確認したりすることは難しい。そこで株主は，自分達に変わって取締役の行動を監視する機関を設置し，取締役として外部から人材を招き客観的な判断をしてもらうなど，取締役を監視監督する制度を作り経営の透明性を確保しようとしているのである。

4．会社の理念

（1）経営理念

　ここまでビジネスという視点から会社の形態を考えてきた。一度ここで，「そもそも何のためにビジネスをするのか，何のために会社を設立するのか」という視点に立ち返って考えてみたい。

　ビジネスにおいて利益を上げることは非常に重要なことである。利益がなければ会社の更なる成長に向けた投資をすることもできない。会社が成長しなければ，働いている人々に十分な給料を支払うこともできなくなってしまう。

　しかし利益を増やすことばかりがビジネスの目的ではない。利益を増やす＝お金儲けを目的とするのであれば，会社を作って自らビジネスをしなくても，儲かっている会社に投資をすれば目的達成は可能である。リスクを背負って自らビジネスをしようと考える背後には，より大きな目的があるはずである。

　この「より大きな目的」のことを「経営理念」という。経営理念とは，「この会社は何のために存在するのか」，「この会社の行動の規範はなにか」を，社員のみならずその会社に関わる人々に広く示すものである。

　例としてトヨタ自動車の経営理念を見てみよう。トヨタ自動車の経営理念は以下の通りである。

1. 内外の法およびその精神を遵守し，オープンでフェアな企業活動を通じて，国際社会から信頼される企業市民をめざす
2. 各国，各地域の文化，慣習を尊重し，地域に根ざした企業活動を通じて，経済・社会の発展に貢献する
3. クリーンで安全な商品の提供を使命とし，あらゆる企業活動を通じて，住みよい地球と豊かな社会づくりに取り組む
4. 様々な分野での最先端技術の研究と開発に努め，世界中のお客様のご要望にお応えする魅力あふれる商品・サービスを提供する
5. 労使相互信頼・責任を基本に，個人の創造力とチームワークの強みを最大限に高める企業風土をつくる
6. グローバルで革新的な経営により，社会との調和ある成長をめざす
7. 開かれた取引関係を基本に，互いに研究と創造に努め，長期安定的な成長と共存共栄を実現する

　トヨタ自動車の場合，会社としての目的は「経済・社会の発展に貢献」，「クリーンで安全な商品の提供」，「住みよい地球と豊かな社会づくり」，「様々な分野での最先端技術の研究と開発」，「世界中のお客様のご要望にお応えする魅力あふれる商品・サービスを提供」することである。

　行動の規範は，「内外の法及びその精神の遵守」，「オープンでフェア」，「各国，各地域の文化，慣習の尊重」，「地域に根差した企業活動」，「労使相互信頼・責任」，「開かれた取引関係」である。

（2）経営理念の意義と組織文化

　経営理念について，「これは建前だ」と感じている人もいるかもしれない。しかし多くの経営者が経営理念の必要性・重要性を強調している。

　その理由は，働く人々が自分たちは何のために仕事をしているのかという拠り所を必要としていること，困った時・悩んだ時の判断基準が必要であること，同じ理念を共有することでコミュニケーションがスムーズにおこなえるようになること，である。

　経営理念を共有化することで，働く人々の中に共通する価値観が形成される。すると働く人々の行動が変わり，それが組織文化を形成していく。

　組織文化とは，組織のメンバーが共有するものの考え方，ものの見方，感じ方である[1]。組織文化には，組織としての価値観，組織としての考え方・認識の仕方，行動の規範が含まれている。したがって組織文化が形成されることにより，会社が大切にしたいと考えている価値観や会社が求めている行動が社員の間に自然と理解されることとなる。これにより，「言葉では伝えられないこと」や「会社の中にある様々な知恵」を社員に伝えることができるのである。

　これら目に見えない価値のあるもの（見えない資産）は，競争相手には真似しにくいので，自分達の会社の特徴としてお客様に高く評価してもらえるものとなりやすい。リッツカールトンホテルがクレドという「行動規範」を作り，全社員がそれを携帯するようにしているが，これにより社員の行動を通じて組織文化を強化し，他のホテルでは真似できない上質なホスピタリティを提供しているのである。

　以上のことからも解る通り，経営理念を明確にしてそれを社員に共有し，それを意識して行動することは会社の持続可能な成長の基盤となり，また働きやすい職場環境作りにも重要な役割を果たしているのである。

5．企業の社会的責任と経済活動

（1）企業の社会的責任（CSR）

　企業の社会的責任（Corporate Social Responsibility：CSR）とは，企業のステー

図表2－1　企業のステークホルダー

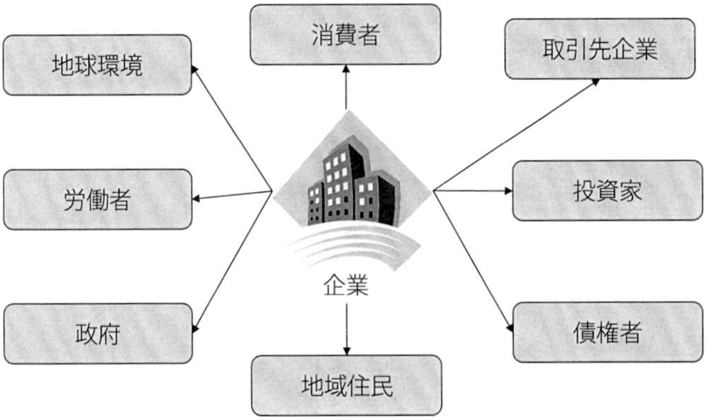

出所：筆者作成。

クホルダーに対する責任のことである。企業のステークホルダーとは，企業に
関わる利害関係者のことである。この中には，消費者や取引先，投資家なども
含まれるが，それ以外にも会社で働いている社員，地域住民，政府，地球環境
までも含まれており，その範囲は図表2－1に示す通り多岐にわたっている。

　現代の企業経営では企業のステークホルダーに対する社会的責任は広く認識
されており，その実践状況はCSR報告書などに取りまとめられて報告されている。

　一方でCSRについては様々な主張がある。橘高（2006）がCSRに関する思
想の展開を整理している。それによれば，バーリーとミーンズは，20世紀に
入って株式会社の所有と経営の分離が進み，支配力を得た経営者に対する要請
として社会的責任が生じたと論じ，ドラッカーは社会のリーダー的存在として
企業のマネジメントには社会的責任が求められるとしながらも，能力や権限と
の対比から責任の限界も唱えている。一方でフリードマンは，企業の社会的責
任は利潤を増大させることに尽きるのであり，「他人の金」を使うような社会
的責任は否定されるべきであると主張する。

　上記のような主張が展開される背景には，CSR活動を本業と切り離し，本来の
企業活動とは別にステークホルダーに対して責任を果たすための行動をおこなう
必要があると捉えているからではないだろうか。その結果，企業にとってのCSR

活動は,「コストはかかるものの,それを直接回収する手段がない活動」となってしまうのである。これでは企業が持続的にCSR活動をおこなうことは難しい。

このような主張を踏まえると,企業におけるCSR活動は本業と切り離して考えるのではなく,本業に関わる活動の中で社会的責任を果たしつつ利益を獲得することができる方法を考えていくべき,となる。CSR活動とは,企業が社会の一員として,社会的課題を解決することでその責任を果たしていくことである。社会的課題とは,「それを解決してほしい」という社会のニーズである。このニーズを満たし,尚且つそれが持続的な活動となるような仕組みを考えることは,企業にとって新たなビジネスチャンスを創出することにもつながると考えることができる。

(2) Creating Shared Value (CSV) という考え方

この問題に対する新たな考え方を示したのがPorter, M. E.（2011）である。Porterは,会社は社会問題を解決しながら経済価値を増やすべきであるというCreating Shared Value（CSV）という考え方を示した。CSVでは企業の経済的な活動が社会的価値を創出して社会問題を解決する。社会的価値の創出は経済的メリットを産み出す。この経済的メリットを活動の再投資資金にすることで,社会に貢献する活動が,自律的に拡大することも継続することも可能となる。これが社会的価値を創出する活動をする際に利益を目的としないNPOやNGOのアプローチとは異なる点である。

Porterによれば,CSV活動実現のためには,①社会問題の解決に役立つ次世代の製品・サービスの創造,②バリュー・チェーン全体を世界規模で見直して生産性の向上・最適化・効率化を実現して社会価値を生み出す,③事業をおこなう地域への貢献とともに強固な競争基盤を築く,の3つがポイントとなる。

①の次世代製品・サービスの開発では,自動車業界におけるハイブリッド車や電気自動車などの様に,社会問題を事業機会と捉えて,これを解決することで利益を生み出す取り組みが求められる。②のバリュー・チェーン全体の最適化では,途上国に生産拠点を置き,現地生産・現地販売体制を創り自立支援をおこなうこ

とが考えられる。③の事業をおこなう地域への貢献では，雇用機会の創出，人材やサプライヤーの育成，インフラ整備，地産地消活動などをあげることができる。

　このようにビジネスを通じて社会的課題を解決し，それを利益に繋げていくことが，企業のステークホルダーへの責任を果たすことにつながり，また企業そのものの持続的な発展を実現することになるのである。雇用の確保，地域経済への貢献，地球環境保護などを通じた持続可能な事業を実現するために，企業は様々な事業スキームを立案・創造して社会に貢献することが必要なのである。

6. CSVとしてのフェアトレードへの取り組み

　企業活動を社会的課題の解決に繋げる取り組みとして，フェアトレードをとりあげる。フェアトレードは貿易の仕組みをより公平・公正にすることにより，弱い立場にいる開発途上国の小規模生産者や労働者が自らの力で貧困から脱却し，地域社会や環境を守りながら持続可能な世界の実現を目指すという取り組みである。

　これまで企業は，途上国の安価な労働力を活用し，安価な原材料の生産や加工をおこなって競争優位を獲得するために海外展開を進めてきた。企業は開発途上国で安く手に入れた労働力と原材料を活用し，先進国などの主要市場で多くの利益を上げている。

　この典型例がコーヒーであろう。コーヒーはブラジルやコロンビアなどの中南米，アジア，アフリカなどで栽培・生産されている。コーヒーが消費者の手に届くまでには，生産者 → 地元トレーダー → 輸出業者 → 焙煎業者 → 小売業者というサプライチェーンを通過するが，その価値の大半を押さえているのが大手の多国籍焙煎企業である。1975年から1993年にかけてコーヒーの国際価格は18％下落しているが，アメリカの消費者がコーヒーに支払っている価格は240％以上上昇している[2]。つまり多くの付加価値が強い立場にある多国籍焙煎企業に独占されており，立場が弱い生産者や労働者には経済的メリットが行きわたっていないのである。

　このような課題を解決するために，国際フェアトレードラベル機構（Fairtrade

International) は国際フェアトレード基準を設定し，世界の貿易構造において不利な立場におかれた生産者に対して，より公平・公正な取引条件を促進することを目的として，主には開発途上国と呼ばれる国々を認証対象生産国とし，そこで生産されるコーヒー，生鮮果物，カカオ，野菜などの食品12産品と，繊維など食品以外の4産品の計16産品を認証対象産品とした。

これら認証対象となった生産国で生産された認証産品については，生産コストをまかない，かつ経済的・社会的・環境的に持続可能な生産と生活を支える「フェアトレード最低価格」を保証し，さらに生産地域の社会発展のための資金「フェアトレード・プレミアム（奨励金）」が生産者に提供されている。

またトレーダー（輸入組織・製造組織・卸組織）が守るべきフェアトレード基準も定められており，透明性のある契約の締結，持続的な取引の促進，前払いの保証，価格の保証などを遵守しなければならないとしている[3]。

世界の価値創出を担う企業がこの取り組みに積極的に関わることは，先に述べたCSV活動にもつながっている。開発途上国の生産者や労働者の適正利潤を確保することは，彼ら自身による新たな投資可能性にも繋がり，生産物の品質や生産効率の向上などのメリットを産み出す。また開発途上国の経済が発展することは，企業にとっても新たな市場の開拓にもつながり，長期的な利益の創出を可能にする。

このような，企業にも世界にもメリットが得られる活動をより広げていくためには，企業自らが積極的にこれらの活動に参加するとともに，消費者に対して啓蒙活動をおこなう必要がある。このような社会的な活動を広めることも企業のマーケティング戦略の中に取り入れることがCSV活動であり，企業が社会的な責任を果たしつつ持続的なビジネスを可能にすることにつながるのである。

7．企業のとるべき行動

企業が継続的に存続し，企業活動を通じて社会的課題を解決し経済的利益を実現していくためには，企業が社会の一員として認められ，歓迎されるために

図表2－2　国連グローバル・コンパクトの10原則

人　権	＝	原則1：人権擁護の支持と尊重
		原則2：人権侵害への非加担
労　働		原則3：結社の自由と団体交渉権の承認
		原則4：強制労働の排除
		原則5：児童労働の実効的な廃止
		原則6：雇用と職業の差別撤廃
環　境		原則7：環境問題の予防的アプローチ
		原則8：環境に対する責任のイニシアティブ
		原則9：環境にやさしい技術の開発と普及
腐敗防止		原則10：強要や贈収賄を含むあらゆる形態の腐敗防止の取組み

出所：グローバル・コンパクト・ネットワーク・ジャパンHP[4]。

相応しい行動をとることが必須である。社会と共存するために企業がとるべき行動を改めて考える必要がある。

　この問題について，2000年7月に国際連合は国連グローバル・コンパクトを発足し，2004年6月に企業行動の10原則を取りまとめた。企業行動の10原則では，「人権」，「労働」，「環境」，「腐敗防止」の4つの分野を明記し，各分野において企業が考えるべきことを整理している。

　これらは，企業が社会システムの中で存在するために守るべき倫理規定である。いずれの項目も常識的に考えれば「それを守ることが当たり前だ」ということは理解できるであろう。それではなぜ時に企業はこれら倫理規定に反する行動をしてしまうのであろうか。

　その理由の1つは，利益に対する過度のプレッシャーである。企業は日々経済的な競争に晒されており，その競争に負けてしまうと投資家からの圧力が高まることが予想される。その結果，自社の株価が下落したり，経営者はその立場を追われたりすることになりかねない。

　株主からの批判を逃れるために，経営者は短期的な利益を追求するという欲求にかられることとなり，過度なコスト削減や弱い立場にいる労働者に対する

搾取や違法行為の強要，環境対策など社会的課題防止のための投資の削減，ひいては粉飾決算や贈収賄などの不正を働いてしまう場合がある。特に経営者による投資家に対する様々な不正行為は後をたたない。会計上のルールやビジネスの仕組みを悪用した架空売り上げの計上による利益の水増し，公共工事における入札前の談合，製品の検査結果の捏造などが繰り返し発生している。

　このような不正が起こる背景には，経営者のみならず，社員一人一人の意識の問題が存在する。組織内の人々の行動は，組織の価値観やパラダイムの大きな影響を受けている。つまりその組織独特の考え方や価値観，行動様式が形成されているのである。

　これが良い方向に作用すれば，お客様に対するホスピタリティ的行動につながったり，無意識のうちに助け合い協力し合ったりするなど組織にとってプラスの効果を発揮する。しかし一方で，「前任者はこうやっていた」，「いままでは問題にならなかった」，「この業界ではこれが当たり前だ」といった，勝手な解釈に基づく社会とは離れた常識が形成されることにもなる。

　このような思い込みや間違った常識を無くし，社会の一員として認められる持続可能な企業を創り上げるためには，それに相応しい価値観やパラダイムを築くための努力が必要になる。伊丹・加護野（2010）は，組織の価値観は組織の過去の成功体験に大きく依存していると指摘する。過去の組織における行動が成功体験として評価されると，その成功につながった仕事のやり方，考え方が「正しいもの」として認識されるというのである。

　この行動が正しいものであれば問題はないが，誤ったものが成功体験として組織内に残ると企業倫理をゆがめるものになりかねない。例えば，あるコンペの提案資料の締め切りが近づく中で，仕方がなく徹夜作業を連日おこなって仕上げた提案書が採択されたことが成功体験となり，時間外労働をして取り組むことが美徳だと捉えられるようになってしまったケースがある。いわゆる「ブラック職場」の始まりである。また上司の過去の成功体験が前提となって，悪しき前例を社員に強要するなど，悪例は枚挙にいとまがない。

　社会の価値観が変化し，企業のおかれている環境が変化すれば，企業に求め

られる行動も当然のこととして変化する。この変化に対応してその時代や社会に認められる行動をとることが必要であり，そのためには経営者の経営に対する考え方もその時代や社会に相応しいものに変えていかなければならない。自社の経営理念や経営哲学を定期的に見直し，「変えるべきこと，変えてはいけないこと」を企業全体で考えていくことが，正しい価値観やパラダイムの創出につながる。上辺だけで企業行動を論じても意味がない。企業行動を支える組織の理念を正しいものへと導いていく必要がある。

【注】
1 ）　伊丹・加護野（2010）p.349。
2 ）　安室・梅野（2012）p.99。
3 ）　フェアトレードジャパン　https://www.fairtrade-jp.org/
4 ）　http://www.ungcjn.org/gc/principles/index.html

参考文献

Michael E. Porter（2011）［Creating Shared Value: Redefining Capitalism and the Role of the Corporation in Society］FSG CSV Leadership Summit June 9, 2011

安室憲一・梅野巨利訳「国際経営講義」（有斐閣，2012）［原典：Geoffrey Jones, Multinationals and Global Capitalism From the 19th to the 21st Century, 2005］

伊丹敬之・加護野忠男「ゼミナール経営学入門　第 3 版」（日本経済新聞出版社，2010）

橘高研二「企業の社会的責任（CSR）について　思想・理論の展開と今日的なあり方」（農林金融，2006）

名和高司「CSV 経営戦略」（東洋経済新報社，2019）

薮下史郎・秋山太郎・金子能宏・木立力・清野一治訳「スティングリッツ　ミクロ経済学第 2 版」（東洋経済新報社，2000）［原典：Joseph E. Stinglitz, ECONOMICS, 1997］

フェアトレードジャパン　ホームページ（https://www.fairtrade-jp.org/　2020 年 10 月 4 日閲覧）

第3章　商品戦略

> キーワード
> 　商品，便益の束，サービス，外部環境要因，製品ライフサイクル，PPM，
> 市場の境界，差別化

　会社は製品・サービスを顧客に販売して利益を得ています。したがって，「売れる商品」を創り出すことは会社にとって重要課題です。それでは，売れる商品を創り出すために考えるべきポイントは何なのでしょうか。この章を読みながら，是非身の回りにある製品・サービスを思い浮かべて，自分なりにその製品・サービスの背景にある商品戦略が何なのかを考えてみてください。

1．商品とは何か

（1）商品とは便益の束である

　会社は顧客に対して商品を販売し，顧客は会社に対してその対価を支払っている。顧客が商品を購入する理由は，①その商品が顧客のニーズを満たしていること，②顧客が感じる価値＞商品の価格となっていること，という条件を満たしているからである。

　商品は顧客のニーズを満たすものでなければならない。顧客のニーズとは，顧客が抱えている課題を解決することである。例えば，顧客がパソコンを購入するのは自宅で仕事をしたりレポートを書いたりするという課題を解決するためである。この課題を解決するとともに，ユーザーがより快適に仕事をするために，パソコンは解像度の高い画面，素早くデータを処理するためのメモリやマイクロプロセッサを備え，また移動して作業をする際にストレスを感じない

よう軽量化されている。このように商品は顧客の課題解決に必要な様々な機能や特徴を備えている。

　それでは商品開発の際にはユーザーである顧客のことをシッカリ考えよう，となるが簡単な話ではない。商品によっては，ターゲット顧客が複数にわたっていることもある。例えば，その商品を利用する人と，その商品の代金を支払う人が異なる場合である。このような場合は両方の顧客のニーズを満たさなければならない。

　例えば子供向けのゲーム機は，ゲーム機で遊ぶのは子供であるが購入代金を支払うのは親である。この場合，「子供が感じる価値」のみならず「親が感じる価値」も考慮しなければならない。最近のテレビゲーム機は，家族皆で遊べる，勉強も出来る，片づけるスペースを取らないもの，となっている。これは，家族皆で楽しみたい，子供に勉強もしてほしい，部屋を掃除するときに邪魔にならないものが良い，という親の希望も叶えることを目指したからである。

　このように商品は様々な顧客が求める価値を提供している。これをコトラーは「便益の束」と表現した。つまり商品を機能で捉えるのではなく，商品が提供する便益＝価値から捉える必要があるとしたのである。

（2）商品を構成する要素

　商品は顧客に対して様々な便益を提供し，それに対して顧客は価値を感じる。顧客が感じる価値は，製品・モノ自身からもたらされるものと，製品・モノに付随する様々なサービスによってもたらされるものがある。

　例えば家電製品を購入するときには製品自体の評価に加えて，保証やアフターサービスの内容，店員が親身になって説明してくれたかどうか，自宅に設置してくれるサービスの有無や不要となった家電の引き取りサービスがあるかどうかなど，様々な要素を比較検討するだろう。このように商品は，コア部分となる製品・モノと，それを取り巻くサービスによって便益の束を構成している。

　以上より，商品全体の価値を高めるためには，製品に付随するサービスの質

34

図表3－1　商品の階層

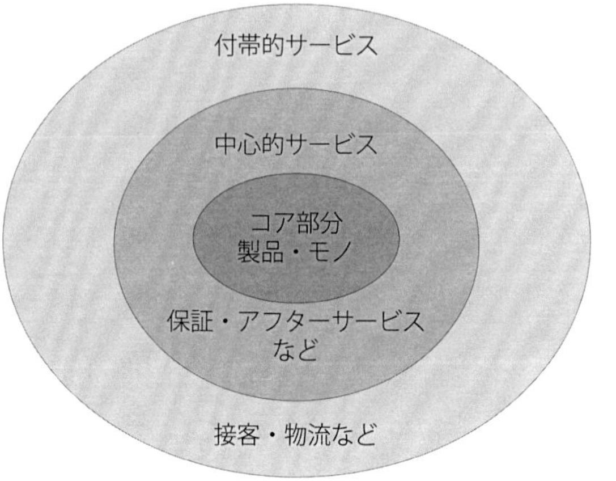

付帯的サービス

中心的サービス

コア部分
製品・モノ

保証・アフターサービス
など

接客・物流など

出所：筆者作成。

を高めることが必要不可欠であることがわかる。すでに多くの製品が市場に存在する現代において，中核となる製品の便益のみで圧倒的に他と差別化することは困難である。そのため差別化の競争の重点が，中核となる製品・モノを取り囲む外側の要素に移ってきている。製品に付随するサービスを充実させることでユーザーの体験[1]をより心地よいものに変えていくことが商品戦略において重要な競争要因となっている。

（3）サービスの特徴

　今やサービスは経済活動の中心となっており，商品戦略を策定する際にもサービスについて無視することはできない。商品戦略の一部としてサービスを考える際には，サービスの特徴を踏まえて考える必要がある。そこでサービスの特徴を整理しておこう。

　クリストファー・ラブロックとローレン・ライト（2004）は，「サービスとは特定の時・場所において価値を創造し，顧客にベネフィットを与える経済活動である。」としている。

　サービスは経済活動であるから，サービスを受けた顧客による対価の支払い

が前提となる。無償でサンプルを提供することや，食堂で注文したら「ご飯大盛りは無料」といったものも「サービス」と呼ばれるが，それは将来の購入や物品の購入を前提としたプロモーション活動であり経済活動である。ここで述べるサービスは，対価の支払いを伴わない従業員やスタッフの善意に基づく「おもてなし」や「ホスピタリティ」とは異なる。

　サービスの特徴としては，以下の5点を挙げることができる。

① 　目に見えない

② 　提供と消費が同時におこなわれる

③ 　在庫ができない

④ 　顧客側の関与がサービスの品質に影響を与える

⑤ 　周辺環境がサービスの品質に影響を与える

　サービスは①目に見えないこと，②提供と消費が同時におこなわれることは，飲食店での接客を想像してみると分かりやすい。サービスそのものは形があるモノではないし，接客されると同時に顧客側はそれを受けて（＝消費）いる。

　③在庫ができない，とはあらかじめサービスを作って保存しておくことはできない，ということである。したがって，モノを作る会社のように，暇なときに大量に作って保存しておいて，忙しい時には保存しておいたものを売る，ということはできない。つまり提供できるサービスの量は，そのサービスを提供できるキャパシティで決まってしまう。キャパシティを超えてサービスを提供することは出来ないのである。

　④顧客側の関与がサービスの品質に影響を与えるとは，サービスは顧客との相互のやり取りの中で作られる部分があるということである。例えば美容院に行った際に，顧客が自分の好みを美容師に事細かく伝えれば仕上がりも満足のいくものになるだろう。しかし，髪を切っている最中に顧客が動いてしまったり，美容師の質問に対して顧客が正確に答えなかったりしたら，最終的な仕上がりは顧客にとって不満足なものとなってしまい，顧客が感じる価値は下がることとなる。

　⑤周辺環境がサービスの品質に影響を与えるとは，サービスのみならず，

サービスが提供されている環境によってもサービスに対する満足度は変化するということである。例えば，高級レストランで食事を楽しんでいたら隣のテーブルが大騒ぎを始めてしまいガッカリしたとか，高級ホテルに泊まったのに部屋の家具の質感が低くて残念だった，といったケースである。そのためサービス業では，従業員の身だしなみ，店舗の調度品や雰囲気，BGM にも気を配っているのである。

（4）商品のカテゴリーによる分類

　商品の中には，購買頻度が高くどこでも購入できて単価が安い商品もあれば，専門店しか扱っておらず購入回数も少なく価格が高い商品もある。自分たちの商品がどのようなカテゴリーに属するものなのかを明確にすることは，その商品の特性に応じた販売方法，宣伝方法を実施することにつながり，顧客に対して的確に自社の商品をアピールすることが可能となる。以下に代表的な商品の分類方法を述べる。

①　最寄り品：購買頻度が高く，習慣的に購入される商品である。食料品や日用品などが該当する。最寄りの店舗で購入される場合が多い。そのため，最寄り品では商圏（対象となる顧客の地理的範囲）が狭くなる傾向がある。

②　買回り品：比較的高価格で購買頻度が低い商品である。家電や家具，耐久性の高い商品が該当する。顧客は複数の店舗を比較検討したり，商品に関する情報を収集したりして，時間と労力をかけて意思決定する。したがって，買回り品の商圏は最寄り品よりも広くなる傾向がある。

③　専門品：独自のブランドや差別化された個性の強い商品で高価格である。高級ブランド品や高級車，趣味に関わるものなどが該当する。顧客は商品に対して深い知識，愛着，こだわりを持っている。また高級ブランド品は顕示的消費（みせびらかす）の側面があるため，直接の顧客に限らず，多くの人がそのブランド品の価値を認識していることも重要な要素である。専門品では，顧客は欲しい商品を手に入れるために遠方まで足を延ばすことを厭わないため，商圏は広くなる。

　また商品の耐用期間に基づき，耐久財・非耐久財と分類したり，消費者向けの消費財・ビジネス向けの産業財と分類したりすることもできる。これらの分類により，購買頻度，購買意思決定のプロセスが異なるため，注意が必要である。

2．ビジネスチャンスの発見

　商品とは何かが理解できたところで，商品につながるビジネスチャンスの発見方法について考えてみる。ここでは主に外部環境要因とビジネスチャンスの関係について述べる。

（1）外部環境要因がビジネスに与える影響の理解

　ビジネスチャンスは世の中の変化によって生じる。今やスマートフォンで様々なことが出来るようになっているのも，スマートフォンの開発・普及，通信技術が発達したことなどの技術の進歩による影響が大きい。また人々の興味がモノからコトへシフトしたことにより，高額の旅行商品が売れるようになった。近い将来，車の自動運転が一般化すれば，車の中をより快適にする AV 機器や電気製品が売れるようになるかもしれない。

　このような世の中の変化を素早く察知し，そこから「将来何が起こるのか」を予想することがビジネスチャンスを掴むことにつながる。会社のビジネスに影響を与える会社の外で起こっている様々な要因のことを「外部環境要因」という。

　外部環境要因の主なものは，経済動向や法規制，人口動態，政治，ライフスタイルや社会的傾向の変化，技術革新，金利や為替動向，原材料市場の価格動向などである。これらの変化は買い手や売り手の行動に影響を与え，その結果新たな市場を創出したり，逆に市場を縮小させたりする。

　例えば，資源関連業界や通信・医療といった政府による規制の影響が大きい業界は，規制撤廃による新規参入業者の増大や新市場の創出，規制強化による

市場規模の縮小など，マクロ環境の変化が競争環境を大きく変化させる。

　外部環境要因は Politics（政治的要因），Economics（経済的要因），Social（社会的要因），Technology（技術的要因）の4つの視点で捉えることが一般的である。この4つの頭文字をとって PEST 分析と呼ぶ。

① Politics（政治的要因）

　Politics（政治的要因）は，法律や条例の改正，政府・関連団体の動向などの政治的な環境要因を指す。政治的要因が変わると，ある日を境に突然新市場が創出されたり，これまでの市場が無くなってしまったりすることがある。ニュースや新聞，業界紙などの情報を確認し，将来の方向性を予測してその変化に対応できるよう準備をしておく必要がある。

② Economics（経済的要因）

　Economics（経済的要因）は，景気動向，金利や為替の変化，物価の変動など経済的な環境要因を指す。経済的な環境要因の変化は設備投資動向や雇用動向，消費動向にも影響を与える。

　景気については，内閣府が毎月発表している景気動向指数が参考になる。景気動向指数には景気拡大期か景気後退期かなどの景気局面を測る DI（デフュージョンインデックス）と景気の量感を測る CI（コンポジットインデックス）があり，それぞれが先行系列，一致系列，遅行系列という3系列で構成されている。先行系列は景気に先行して動く指標であり，一致系列は契機とほぼ一致して動く指標であり，遅行系列とは景気より遅れて動く指標である。

③ Social（社会的要因）

　Social（社会的要因）は，年齢別人口の変化を表す人口動態や，ライフスタイルや価値観の変化などを指す。社会的要因の多くは少子高齢化や二極化現象など時間の経過とともに変化していく要因である。最近は SNS 等の影響により，特定のセグメントにおけるブームの発生など社会文化的要因の変化のスピード

が速まる傾向がある。社会的要因は消費者行動に影響を及ぼしやすい要因であるので，変化の傾向に注意しておく必要がある。

④　Technology（技術的要因）

Technology（技術的要因）は，技術革新のことであり，最近は IT 技術に関わる分野において顕著である。技術革新が起こると，消費者の行動が変わるだけではなく，生産や販売等のオペレーションにも大きな変化を及ぼす。これにより業界のコスト構造が変わってしまったり競争優位の要因が別の要因にシフトしたりする場合もある。

（2）市場のライフサイクルの理解

市場そのものがどのような段階にあり，今後どのように変化していくのかを把握することもビジネスでは重要である。人の一生と同じように，市場にもライフサイクルが存在する。ライフサイクル毎の特徴を理解することは，売り手である会社の戦略を考えるうえで不可欠である。ここでは市場のライフサイクルを製品の視点から捉えて考えてみる。市場のライフサイクルは，導入期，成長期，成熟期，衰退期の4つで構成される。その特徴は以下の通りである。

①　導入期：新製品や新サービスが市場に導入される時期である。売上高はまだ少なく，買い手も革新的採用者や初期採用者と呼ばれる一部の層である。売り手の活動としては，製品やサービスのコンセプトを市場に伝えることが重点目標である。

②　成長期：製品やサービスが市場に浸透し市場が拡大していく時期である。市場の成長率は高くなり，同時に競合他社の参入も増えて市場が大きく拡大していく。この段階で買い手は前期追随者へ移行する。売り手の活動としては，前期追随者が安心して製品やサービスを採用できるよう周辺サービスを充実させていくことが重要である。

③　成熟期：製品やサービスがほぼ市場に浸透し，市場規模はほぼ一定になる。競合他社の新規参入も減少する。売り手の活動の重点はブランドロイヤル

図表3－2　市場のライフサイクル

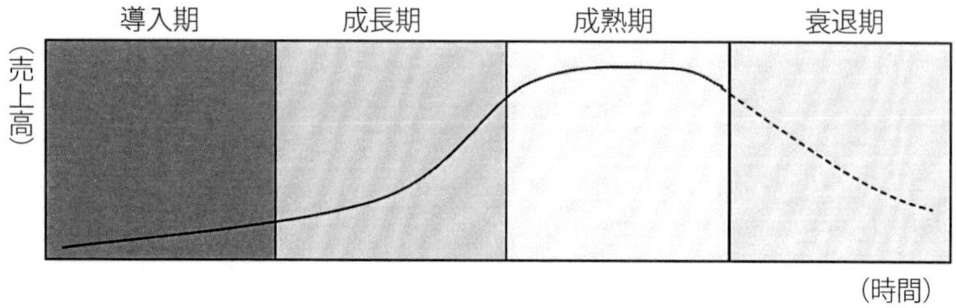

出所：筆者作成。

ティを高めること，買い替え需要を取り込むことによる市場シェアの拡大である。

④　衰退期：徐々に製品やサービスの売上も減少していき，競合他社も市場から撤退していく。売り手の活動の重点は，支出を抑えながら売上を確保していくこととなる。

このように市場のライフサイクルに応じて売り手である企業がとるべき戦略は異なる。自分たちがビジネスをおこなっている市場がどの段階にあるかを把握して，それに応じたビジネスや対策を考える必要がある。

（3）市場のニーズをどう捉えるかで市場の範囲が変わる

市場の捉え方もビジネスチャンスを見極める上で重要である。市場を捉える際に市場が「広い」とか「狭い」と，市場の範囲を表現することがある。市場の範囲を決める境界線はどこにあるのだろうか。これに対する答えは，買い手のニーズである。市場には同一のニーズを持っている買い手が集まっている。したがって市場の範囲は，「買い手のニーズをどう捉えるか」によって，広くも狭くもなるのだ。

市場とは，同一のニーズを持っている顧客の集まりのことである。したがって，売り手がどこまでを「同一のニーズ」と捉えるかで，売り手にとっての市場の範囲は変わってくる。例えば，栄養ドリンク市場を例にとると，「スポー

ツの合間の栄養補給ドリンク」と捉えれば市場の範囲はスポーツ好きな人となるだろう。しかし「気持ちを奮い立たせて，疲れを忘れさせる栄養ドリンク」と捉えれば，市場の範囲はスポーツ好きな人を超えて，仕事が忙しい人，夜遅くまで活動する人，病み上がりの人へと大きく広がることになる。

　買い手の側から考えると，買い手のニーズとは「買い手が達成したい目的」である。したがって，買い手にとって同一の目的を達成する製品・サービスは同じ市場で競争していることになる。例えば，ある人が部屋に棚を作るために壁に穴をあけたいと考えているとしよう。穴をあける方法としては，ホームセンターからドリルを買ってきて自分で穴をあける，大工に頼んで穴をあけてもらう，穴の開いた板をホームセンターから買ってきて壁に設置する，など様々な方法があり，これらは買い手にとって穴をあけるという目的を達成するための選択肢となる。この場合，ホームセンターと大工は同じ市場で競争している売り手になる。

　また買い手のニーズが「東京から大阪への移動」という場合，買い手の選択肢としては飛行機，新幹線，高速バスが考えられる。つまり飛行機，新幹線，高速バスの運営会社は「東京から大阪に移動する手段」という市場で競争している売り手である。しかしここに，「短時間で」という新たなニーズが入ると，市場の境界線が変わり，高速バスは市場から外れて，飛行機と新幹線の運営会社がその市場で競争し合う売り手となる。

　ここから解ることは，売り手と買い手がニーズをどう捉えるかによって市場の境界線が変わり，それによって自社が何を商品とすべきか，何で違いを打ち出すべきなのかも変わるということである。前述の例で新幹線は，「東京から大阪への移動」というニーズに「短時間で」という条件を付けた結果，高速バスとの差別化ができた。更に，「予約をしなくても，待たずに乗ることができる」という条件を付けると，飛行機とも差別化することができる。この「短時間で」や「待たずに乗れる」というのが「付加価値」である。

３．商品戦略が目指すこと

　商品戦略の目的は，顧客に選ばれる商品を企画開発し，安定的に市場に提供し，顧客満足度を高めることである。そのためには，自社商品の差別化を実現すること，品揃えを充実させること，品質管理を徹底すること，安定的に供給すること，が必要である。これらについて以下に述べる。

（１）差別化

　差別化のポイントは，他社製品との違いを明確に打ち出すこと，その違いが模倣されにくいこと，である。他社製品との違いを打ち出すためには，顧客がその商品の何を評価するのかを明確化し，そこで差別化を図る必要がある。ここで改めて顧客ニーズを考えてみる。顧客ニーズは図表３－３のように分類できる。

　図表３－３に示す「顧客の期待」，「顧客が望むサプライズ」，「顧客が期待する周りの反応」に応えられる商品を作ることが差別化のポイントとなる。これ

図表３－３　顧客ニーズの分類

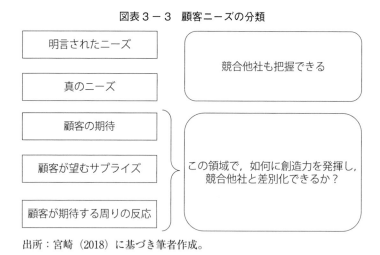

出所：宮崎（2018）に基づき筆者作成。

図表3－4　差別化につながる要素

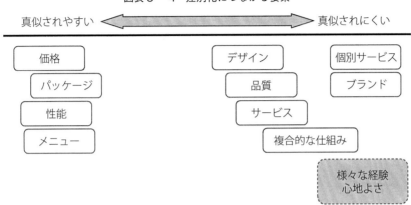

出所：筆者作成。

　らのニーズは図表3－4に示す顧客の「様々な経験，心地よさ」に関わる部分である。この「目に見えない違い」を打ち出すことにより，その商品は競合他社には真似しにくく，顧客にとっては特別なものとなり，持続的な競争優位を持った商品となるのである。

（2）市場のライフサイクルと製品ポートフォリオ

　市場には導入期 → 成長期 → 成熟期 → 衰退期というライフサイクルがある。これは商品のライフサイクルでもある。いずれどの商品も成熟期を過ぎて衰退期に入り，商品としての寿命を終えていく。企業として事業を維持していくためには，現時点での「稼ぎ頭」としてキャッシュフローを生み出す商品から，将来のビジネスを支える「将来有望な商品」までバランスよく持っている必要がある。

　図表3－5は製品ポートフォリオ分析の図である。製品ポートフォリオ分析とは，自社製品の市場成長率と相対市場シェアに基づき，資金投資が必要な事業と資金を創出する事業に分類するもので，会社が持続的発展を実現するためにそれらをバランスよく保持する必要があることを示している。

図表3－5　製品ポートフォリオ分析

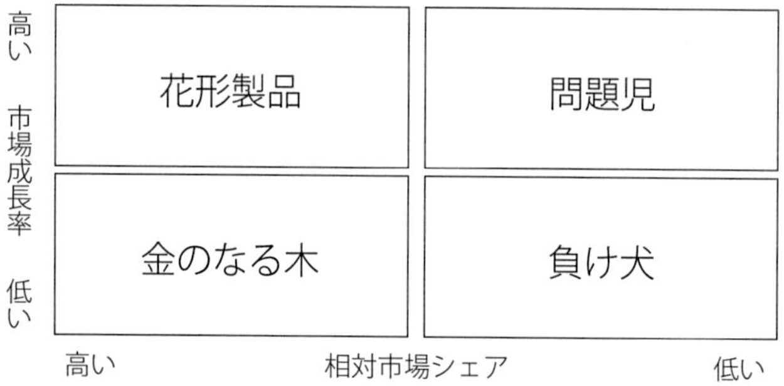

高い　市場成長率　低い

花形製品　　　問題児

金のなる木　　負け犬

高い　　　相対市場シェア　　　低い

出所：筆者作成。

　花形製品はシェアが高いが市場成長率も高いため，その位置を維持するための投資が必要になる。問題児は市場成長率が高いが自社のシェアが低いため，シェアを拡大するための投資が必要になる。金のなる木はすでに市場成長率が低下しているが自社のシェアが高いため，大きな投資は必要なく，潤沢なキャッシュフローを生み出してくれる。負け犬は自社の市場シェアが低いままで市場成長率も下がってしまったため，将来性が見込めない。

　このような特長を踏まえると，企業は将来の成長に向けた投資に必要な資金を生み出す「金のなる木」に位置づけられる商品と，将来の「金のなる木」となる「花形製品」や「問題児」をバランスよく持つ必要があることが解る。

（3）プロダクト・ミックスの設計

　次に商品戦略における商品の品揃えについて考える。ここでは品揃えを商品の幅と深さという視点に基づき検討する。商品の幅とは横方向の広がり，深さとは縦方向の広がりと考えると分かりやすいだろう。

　例えばある洋服店では，図表3－6のような品揃えをしているとする。この店ではYシャツ，Tシャツ，子供用シャツ，ズボンという4種類のアイテムを扱っている。この横方向の広がりが商品の幅である。またこの店ではYシャツは各サイズで4色展開している。Tシャツも各サイズで4色展開である。

図表3-6　商品の幅と深さ

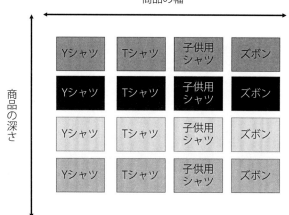

出所：筆者作成。

この縦方向の広がりが商品の深さである。この商品の幅と深さの組み合わせを
プロダクト・ミックスと呼ぶ。

　プロダクト・ミックスを絞りこむことができれば1製品当たりの生産量を増
やすことができるので，少ない販売数でも規模の経済性を発揮してコスト競争
力を高めることができる。しかしYシャツを買った人がそれに合わせてネク
タイを買うといった派生的に発生する需要に対して，品揃えを絞り込んだため
に自社ではネクタイを提供できないとなってしまった場合，Yシャツとネクタ
イの組み合せ提案をおこなう他社に顧客を奪われるかもしれない。一方でプロ
ダクト・ミックスを拡大すれば幅広いニーズに対応することは可能であるが，
商品ごとの重複によってカニバリゼーション（共食い）が生じたり，商品単位
当たりの生産販売量が少なくなることで効率性が低下したりする，という問題
を抱える可能性がある。

　またプロダクト・ミックスを考える際には，買い手の意思決定に対して各商
品が与える影響についても考慮する必要がある。商品には黙っていても売れる
「売れ筋」，店側が売り込みたい「売り筋」，「売り筋」を効果的に販売するため

に置く「見せ筋」がある。例えば，青い鞄が今シーズンはブームになると予想
しているときに，プロダクト・ミックスを青い鞄に絞り込むことが良い結果に
なるとは限らない。青い鞄と一緒に赤や白の鞄を並べることで，青い鞄がより
買い手の注目を集めて売り上げにつながる場合もある。プロダクト・ミックス
を考えるときには，顧客の意思決定プロセスも考慮した売り場設計の観点から
も考える必要がある。

　メーカーによるプロダクト・ミックス設計の際には，併売店において自社製
品を目立たせることによる競争優位の獲得も考える必要がある。併売店での販
売戦略では，そのカテゴリーの商品が置かれている棚において買い手が一番手
に取りやすい範囲[2]を自社製品で占めることが有効である。特に最寄り品の
場合，商品の幅と深さを工夫することで，併売店における自社製品の陳列ス
ペースをゴールデンゾーンで集中的に確保することができれば，自社製品の売
上を伸ばすことも可能である。

　このようにプロダクト・ミックスは，販売チャネルにおける自社製品の販売
戦略にも大きな影響を与えるため，特に消費者向け商品の場合は販売チャネル
での戦略も考慮しなければならない。

（4）品質管理

　商品戦略において，品質管理は重要項目である。なぜなら商品の品質は顧客
満足度に大きな影響を与えるからである。現在の品質管理の中心的考え方は，
生産されたものの中から不良品を取り除くのではなく，製造プロセスにおいて
品質を創り込む，つまり不良品を作らないようにすることとなっている。

　品質管理は，総合品質経営（Total Quality Management：TQM）という考え方
の下で，顧客満足・総合品質の追求，組織能力の向上，TQMと経営戦略の直
結，問題解決手法の充実，問題解決活動の部門横断的な実施へと進化している。
またISO9000シリーズに適合した品質管理システムの導入も対処すべき課題
となっている。

　サービスの品質管理においては，サービスの提供は提供側と受け手のやり取

りでおこなわれるため，受け手である顧客側の関与がサービス品質に影響を与えることとなる。例えば美容院で顧客から美容師へ明確に希望を伝えることやカットしやすいように体勢を維持することなどが仕上がり具合に影響を与えてしまう。

　またホテルやレストランでは，その場の雰囲気がサービス品質の評価に多大な影響を及ぼす。高級レストランで隣のテーブルの客のマナーがその場にそぐわないものであったとしたら，良い気持ちにはならないだろう。このようにサービスではその場にいる他の顧客やスタッフ，家具や調度品，照明，BGMなどの周辺環境がサービスの品質に影響を与えることとなる。

　一度でも不良品が顧客の手に渡ってしまったり，サービスの品質について不満を持たれたりしてしまったら，顧客との信頼関係が崩れて取り返しがつかないことになる。したがって，生産現場でもサービス提供現場でも，「全員参加型の作り込みによる継続的な品質向上」という基本線が重要であることが解る。

（5）需要予測，供給管理，在庫管理

　商品戦略においては，需要予測の精度を高める必要がある。しかし需要予測精度を100％にすることは現実的には難しい。また，繁忙期に合わせて自社の生産・供給体制を組んでしまうと，閑散期において稼働率が大幅に低下してしまう。

　そこで会社は，ある程度の在庫を持って，需要の変動を吸収するようにする。しかし在庫を持ちすぎると在庫の管理費が増え，商品の陳腐化にもつながり，結果的に売れない在庫が発生するなど，企業のキャッシュフローを悪化させる原因にもなりかねない。

　この問題を防ぐため，会社は需要予測の精度を高めつつ，需要予測に基づく供給計画と供給体制作りをおこなう。供給体制作りで重要なことは，受注から納品までの期間（リードタイム）を短くすることである。リードタイムが短くなれば，リードタイム期間中の販売予想に対応するための在庫量を減らすことができる。

48

　また需要変動が大きい商品の場合には，需要拡大前に販促キャンペーンを実施したり，需要減少期に合わせてモデルチェンジを実施したりするなど，需要の平準化対策も考えなければならない。

　またサービスは前述の通り「在庫ができない」。そのため繁忙期において，サービス需要がサービス提供キャパシティを超えた場合，サービスを供給できなくなったり品質が下がったりすることになる。だからといって繁忙期に合わせてサービス体制を構築すると閑散期には体制を維持する費用が大きな負担になってしまう。したがってサービスでは，需要の平準化が特に重要な課題である。

【注】
1）　ユーザーエクスペリエンス（UX）は，アプリケーションやソフト開発においても重要な要素となっている。
2）　ゴールデンゾーンといい，最も顧客の手の届きやすい位置をいう。一般的には男性で 70 〜 160cm，女性で 60 〜 150cm の範囲を指す。

参考文献
　藤本隆宏「生産マネジメント入門Ⅰ生産システム編」（日本経済新聞社，2004）
　株式会社博報堂ブランドコンサルティング「図解でわかるブランドマーケティング」（日本能率協会マネジメントセンター，2000）
　石井淳蔵・栗木契・嶋口充輝・余田拓郎「ゼミナールマーケティング入門第 2 版」（日本経済出版社，2013）
　小宮路雅博監訳，高畑泰・藤井大拙訳「サービス・マーケティング原理」（白桃書房，2004）［原典：Christopher Lovelock, Lauren Wright, *Principles of SERVICE MARKETING AND MANAGEMENT*, 2002］

第4章　流通と販売の戦略

　物流，商流，情報流，流通経路，販売チャネル，オムニチャネル，在庫
管理，インターネット販売

　現代のビジネスにおいて，流通と販売の戦略は会社の収益を支える柱です。
IT技術の進歩とともに流通・販売の戦略は多様化し，市場のニーズに応える
様々な仕組みが考案されています。これからのビジネスを考える上では，流通
と販売面での工夫は重要課題です。「お客様の体験・経験」という視点も交え
て，流通と販売の戦略を考えていきましょう。

1．流通戦略とは

（1）流通戦略とは何か

　流通戦略というと物流が頭に浮かびやすいが，現代ビジネスの流通戦略は，
モノの流れ，ビジネスの流れ，情報の流れという3つの流れをコントロールし
てビジネス全体の効率化を実現し，顧客に対して新たな価値を提供することを
目的とする。

　モノの流れとは，製品・サービスが顧客に提供されていく一連の流れを「モ
ノ」の視点でとらえたもので「物流」と呼ぶ。運送業者や中継基地，倉庫など
をイメージすると分かりやすいだろう。具体的には輸配送，保管，荷役，包装，
流通加工，在庫管理，受発注処理などが含まれる。

　ビジネスの流れとは，製品・サービスが顧客に届くまでに関わる「ビジネス」
の視点でとらえたもので「商流」と呼ぶ。工場で製造された製品が卸売業者に

50

渡り，そこから小売店に卸されて，小売店の店頭で顧客に販売される，といった一連の流れである。

　情報の流れとは，「物流」や「商流」をスムーズにおこなうために必要な情報の流れのことであり「情報流」と呼ぶ。店舗で何が何個売れたのか，いつまでに何をどこに届けなければいけないのか，といった情報のやり取りが同時におこなわれている。これにより，店頭での品切れを防ぎ，消費者が買いたいものを買えるようになっているのである。

　これら「物流」，「商流」，「情報流」がどのようにビジネスを支えているのかを図表4－1に示す。

　コンビニエンスストア業界では，各店舗の販売情報が本部に集約され，本部で各店舗が品切れを起こさないように製品の補充計画を作り，物流部門に配送を指示する。物流部門では配送経路を検討し，複数店舗を巡回して商品を補充していく。また販売情報や在庫情報は商品を製造している工場等とも共有され

図表4－1　物流，情報流，商流の関係

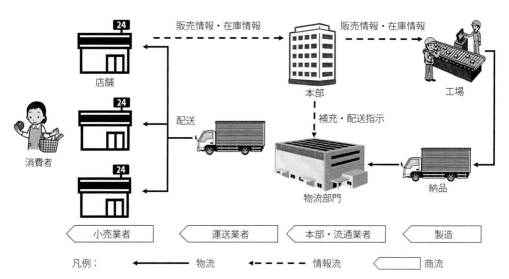

出所：筆者作成。

る。工場はそれらの情報に基づき商品を生産して倉庫へ補充したり，売れ筋情報を新たな商品開発に活用したりする。

　このようにコンビニエンスストア業界は，物流と情報流を活用して店頭での品切れによる販売機会のロスを減らし，顧客の利便性を高め，市場ニーズに合わせた新商品開発をおこなっている。

　最近ではECサイトを活用したインターネット販売が増加したことで，物流・情報流の活用の優劣が企業間の競争状況を左右している。ヒト，モノ，カネ，情報という経営資源の有効活用が重大な経営課題となっているが，流通戦略はこの中核を担うものである。現代の流通戦略は，製品・サービスを顧客に届ける仕組みという以上の価値を創り出しているのである。

（2）流通システムがもたらすメリット

　このように流通システムがもたらすメリットは多岐にわたっている。しかし一方で，モノを作っている生産者が直接消費者と繋がることで流通業者に支払う費用を節約することができる，と訴える人たちもいる。

　そこで，流通システムが介在することによってもたらされる代表的なメリットである取引回数の減少効果，規模の経済性と商圏拡大を両立させることによるコスト削減効果，流通システム全体での最適化によるコスト削減効果の3つを考えてみる。

① 取引回数の減少効果

　よく知られている原理として，生産者と消費者の間に小売店など販売チャネルが入ることにより取引回数が削減されるという取引回数節約の原理がある。これは生産者と消費者の間に流通業者である小売店や販売チャネルが入り，両者間の取引を集約することにより取引の総数が減るというものである。

　図表4−2を見ると分かる通り，もし消費者が生産者から直接モノを買わなければならないとしたら，消費者は自分で生産者にコンタクトし，価格交渉をして取引の条件を決めて，代金を支払い，モノを受け取らなければならない。

図表4－2　取引回数節約の原理

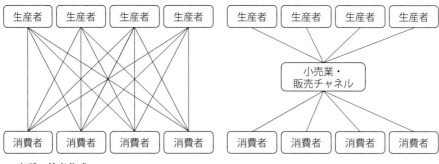

出所：筆者作成。

これでは大変面倒であり，取引に関わる費用（取引コスト）が増大してしまい，結果的に高い買い物になってしまう。生産者としても少量の取引が大量に発生することになり，手間がかかってしまって仕方がない。

　しかし現実には，スーパーマーケットやコンビニエンスストアという小売業・販売チャネルが生産者と消費者の間に存在しているので，消費者は1つの店舗に訪れるだけで，必要なモノを必要な時に必要なだけ，簡単に買うことができる。生産者も自分たちが生産したモノをまとめて小売業者に渡すことで，多くの消費者に届けることができる。

　つまり流通業者は，取引回数を削減することによって生産者及び消費者が負担する取引コストという社会全体のコストを減らし，取引価格を安く抑えることに貢献している。生産者と消費者は，この流通業者が間に入ることで節約できる取引コストの一部を手数料（中間マージン）として流通業者に支払っているのである。

② 規模の経済性と商圏拡大を実現することによるコスト削減効果

　ビジネスを拡大するためにはビジネスをおこなうエリア（商圏）を広げる必要がある。そのためには出店数を増やして，消費者の近くでビジネスを営まなくてはならない。例えば，漁師が自分で獲った魚を数多く販売しようと考えた

ら，港の近辺のみならず，市街地や山間部に住んでいるお客様にも魚を販売しなければならない。

このように商圏を拡大していくと，生産地と販売地・消費地の距離が遠くなる。インターネットを使って販売するとしても，遠方に住んでいるお客様に商品を届けなければならない。そのため，商品を届ける配送網も必要になる。これらの投資を全て自社で負担すると費用もかかり，経営リスクが増大する。また物流・小売に関する専門ノウハウも必要となる。そこで生産者はこれらの活動を専門業者に委託することになる。

また専門業者は，複数の生産者と取引をおこなうことで自分達の品揃えを増やして消費者の利便性を高めることが出来ると共に，自社の事業規模が拡大し規模の経済性[1]を獲得することができる。

このように各生産者は，流通専門業者に委託することで規模の経済性を間接的に享受し，自社でおこなうよりも少ない費用負担で商圏を拡大することができるのである。

③　流通システム全体での最適化によるコスト削減効果

生産者が生産活動の効率を高めて利益を最大化するためには，売れるモノを売れる時期に，売れる量だけ生産することが求められる。しかし生産地と消費地が地理的に分離すると，何がいつどれだけ売れるのかという市場情報を得ることが難しくなる。適切な市場情報が得られず，需要に対して供給が少なくなれば販売機会を逃してしまう。逆に供給過剰になれば，売れ残りが発生してしまい廃棄ロスが増えることになる。そこで流通システム全体でビジネスに関する情報を収集・共有・活用し，上流から下流までの流通システム全体を最適化する必要がある。

この課題を解決しているのが，アパレル業の製造小売り（SPA）という仕組みである。SPAとはSpecialty store retailer of Private label Apparelの略で，企画から製造販売までを垂直統合することでビジネスの流れ全体のムダを省き，消費者ニーズに迅速に対応している。これにより商流の上流から下流にお

けるムリ・ムダ・ムラを排除し，効率的にビジネスを拡大することができるのである。

２．商品特性と流通の構造

　商品によって，流通経路が長いものと短いものがある。流通経路が長いとは，生産者から消費者に届くまでの間に多数の流通業者が介在することをいう。この流通経路の長さは商品の「不確実性」，「販売単価」，「鮮度」によって決まる。

① 不確実性が高い商品は流通経路が長くなる

　不確実性が高い商品とは，販売数の変動が大きく販売予測が難しい商品のことをいう。このような商品を取り扱う場合，商流末端の店舗では販売ロスを防ぐために在庫を持つか，多頻度小口配送を利用して需要の変動に対応することとなる。

　これをスムーズにおこなうためには，中間に卸売業者を介在させてそこで在庫を持つことが有効である。これにより各店舗で大量の在庫を持つ必要はなくなる。したがって，不確実性が高い商品は流通経路が長くなる。

　反対に不確実性が低い商品の場合には，販売予測も立てやすいため，それに合わせた生産計画・配送計画を組むことが可能となる。そのため流通経路を短くすることが出来る。

② 単価が低い商品は流通経路が長くなる

　単価が低い商品では，必要な利益を確保するために大量生産・大量販売が求められる。大量に販売するためには，地理的に広いエリアで販売をしなければならない。そのためには数多くの販売チャネルを作る必要がある。

　しかしこれを全て自社でやるのでは，財務的にも業務的にも負担が大きすぎる。そこで，販売チャネルを広範囲に広げるために樹形図のように商品の取引を多段階化すること，広範囲の販売チャネルに商品を届ける仕組みを外部業者

と協力して構築することが求められる。そのためには，多数の卸売業者，倉庫業者，運搬業者などが介在することになる。したがって，流通経路は長くなる。

　単価が高い専門品や贅沢品の場合，消費者が購入する場所に足を運び詳細に検討して購入するケースが多い。そのため直営店を用意して消費者に対する詳細な説明やデモンストレーションをおこなう必要がある。また単価が高い商品はマージンも高いため，直営店を運営するための費用を捻出することも可能となる。これにより，単価が高い商品では流通経路を短くすることができる。

③　鮮度が重要な商品は流通経路が短くなる

　生鮮食品のように鮮度が重要な商品は，収穫後すぐに消費者に届けなければならない。そのためには生産者と消費者が近くにいること，積み替えなどの手間をなるべく省くことが重要となるので，流通経路は短くなる。

　加工品で消費期限を長めにとることができる商品は，生産者と消費者が離れていても対応することができるため，広いエリアでビジネスをすることが可能

図表 4 - 3　流通の長さの主な規定因

	特性	長い流通経路	短い流通経路
製品関連	単価 製品の差別化 重量 サイズ 破損性 変質性 技術的複雑性	低い 同質的 軽い 小さい 無し 低い 低い	高い 異質的 重い 大きい 有り 高い 高い
需要関連	購買ロット 購買頻度 顧客数 顧客の立地 消費者の知識	小さい 高い 多数 分散 多く，広く分散	大きい 低い 少数 集中 少なく，集中
供給関連	生産者数 生産者の規模 参入・退出条件 生産立地	多数 小規模 自由 分散	少数 大規模 制限的 集中

出所：野口（2019）p.64。

である。このような場合は前述のように流通経路が長くなる。

　このように流通経路の長さは，商品特性を構成する製品，単価，生産，消費などの条件に応じて最適な長さが決まるのである。

3．流通戦略を構成する各戦略について

（1）販売チャネル戦略
① 　直販方式と間接販売方式
　自社製品の特長や顧客ニーズ，それらに基づく販売戦略に基づき，販売チャネル戦略を考える必要がある。

　販売チャネルには「直販方式」と「間接販売方式」がある。直販方式とは自社や生産者が直接顧客に製品・サービスを販売する方法である。間接販売方式は自社や生産者が直接顧客に販売するのではなく，代理店や販売店などを経由して販売する方法である。

　直販方式のメリットは，自社製品のみを扱うため，店舗の内装や雰囲気などで独自の世界観を演出し，自社スタッフによる詳細な説明・商品紹介による特別な購買体験とともに顧客の様々な質問や要望に対して対応する。これにより，自社製品の差別化とブランディングを強化し顧客ロイヤルティを高めることができる。

　直販方式は，高級ブランド品や高級化粧品，高級アパレルや自動車などで採用されている。これらは，閉鎖的チャネル[2]を用いた販売戦略をとり，そのブランドが持っている世界感を店頭でアピールし，顧客の購入体験が付加価値の高いものになるよう演出している。

　アップルが日本市場に参入した時にはアップルストアという直営店をオープンし，閉鎖的チャネル方式を採用して，消費者に対してアップル製品のデモや使用体験を提供して新規市場開拓をおこなった。

　一方の間接販売方式では，他の販売業者などに販売を委託するため，新たに

自社で店舗を作る必要がない。そのため店舗開設コストや営業コストを低く抑えて販売チャネルを確保することができるので，販路の拡大には有効である。しかし間接販売方式の店舗の多くは他の製品との併売店であるため，自社製品のみを強力に販売してもらうことはできない。また間接販売方式の場合，製品の店頭販売価格を販売店が決めてしまうことがあり，生産者による販売価格のコントロールが難しくなる。店頭で製品が低価格で販売されてしまうと，その製品に安売りイメージが定着してしまうことがある。したがって間接販売方式では，製品のイメージが壊れてしまうことがないよう，ブランド戦略との整合性がとれるように，販売チャネルを管理しなければならない。

　また販売チャネルの出店場所を決定する場合には，商圏範囲と物流効率を考える必要がある。複数の販売チャネルの商圏範囲が重複すると，特に間接販売方式の場合には販売チャネル同士で競争が生じてしまうことがある。また販売チャネル間の物理的距離が離れてしまうと多頻度小口配送を効率的におこなうことが出来なくなる。自社の製品・サービスの特性や消費者のニーズ，購買行動を考えて出店計画を立案する必要がある。

②　D2Cとオムニチャネル

　最近では多くのメーカーが，自社のEC（Electric Commerce）サイトを通じて直接消費者に対して販売をおこなうD2C（Direct to Consumer）モデルを導入している。これにより中間マージンや出店コストを削減することが可能となるとともに，直接ユーザーとのコミュニケーションをとることができる。また自社サイトであれば，アマゾンや楽天などのインターネット通販サイトと異なり，他社製品との価格競争を強いられないといったメリットがある。

　さらにECサイトと直販店を組み合わせたオムニチャネルと呼ばれる販売方法もある。オムニチャネルとはオムニバス・チャネルの略で，ECサイトから実店舗へ（O2O：On Line to Off Line），逆に実店舗からECサイトへと，送客をスムーズにおこなう柔軟性の高いリアル・バーチャル統合チャネルのことである[3]。オムニチャネルを活用することで，実店舗で五感を用いた体験や商品確

認をして，購買はECサイトを通じておこなう，逆にECサイトであらかじめ目星をつけた複数の商品を実店舗で比較・確認し購入の意思決定をする，という購買体験が可能になる。これにより消費者は実店舗とECサイトの両方のメリットを享受することができる。

　オムニチャネルの例としては，セブン＆アイ・ホールディングスが構築した「オムニ7」をあげることができる。これは，同社のECサイトとセブン・イレブン，イトーヨーカドーなどの実店舗を融合させたものである。オムニ7では，スマホやパソコン，実店舗に備え付けられたタブレットでセブン＆アイ・ホールディングスが取り扱う商品を横断的に注文が可能で，注文した商品は自宅のみならず最寄りのセブン・イレブンでも受け取ることができる。

　またECサイトの代表格であるアマゾンも，実店舗小売業へ進出しオムニチャネルを構築している。アマゾンでは2017年に買収したホールフーズマーケットの実店舗を在庫・出荷拠点としても活用することで，自宅に居ながら生鮮食料品の注文もできるネットスーパーとしての役割も強化している。

（2）物流戦略

　物流戦略では，倉庫・中継基地など集約センターの設置，輸送手段と輸送頻度の決定，自社でおこなうか外部委託をするか，といった意思決定をおこなう。

　物流拠点である集約センターの配置では，自社の商圏をカバーするために必要な拠点をどこに置くか，その集約センターからの配送頻度や配送方法をどうするのか，自社の商品に応じた適切な時間・量・方法による商品供給方法を検討する必要がある。集約センターを外注する場合，複数企業を相手にした汎用型物流センターを用いるのか，特定企業に対してサービスを提供する企業専用型物流センターを用いるのかも検討しなければならない。

　また調達・生産・販売という商流全体に及ぶ業務プロセスを物流の視点から統合し，企業活動の全体最適を目指す取り組みとしてロジスティクスがある。これを請け負う専門企業もあり，サードパーティーロジスティクス（3PL）と呼ばれている。後述するサプライチェーンマネジメント（SCM）と合わせて，

物流効率化のための効果的な手法である。

（3）在庫管理

　流通戦略では，需要と供給のギャップを埋めることも重要である。これを流通の在庫機能という。季節商品など販売期間が限定されている商品は，あらかじめ販売予測を立てて商品を見込み生産し，在庫として保管する。また，複数の製品に共通な部品や中間製品を在庫として持つことで，納入までの期間を短縮することもできる。このように在庫は，生産と消費の時間的なギャップを埋めるとともに，消費者が必要な時に必要なものを購入することが出来るようにする働きがあり，倉庫，中継基地，卸，販売チャネルなどが担っている。

　しかし在庫が多すぎると，運転資金を圧迫したり，売れ残ってデッドストックとなったり，金利や保管料，管理費などの在庫管理に伴って発生する費用の増加，新製品への切り替えの遅れ，保管スペースの増加などの問題が発生する。逆に在庫が少なすぎると，品切れによる機会損失の増加や信頼度の低下，部品の品切れなどによる納期の長期化，品切れした部品を緊急調達することによるコストの増加などの問題が発生する。

　在庫管理をおこなうためには，発注から納品までのリードタイムを短縮化すること，需要予測を正確におこなうことが重要である。リードタイムを短縮化することにより，発注のタイミングを遅らせることが可能となる。これと需要予測の精度向上を組み合わせることで，過剰在庫による運転資金の固定化や売れ残りを減らすことができる。

（4）流通情報の活用

　情報機能は必要な情報がスムーズに流れるようにする機能で，流通システム全体を通じておこなわれている。

　これまで見てきた通り，流通機能は様々なギャップを埋める役割を果たしている。このギャップを効果的に埋めるためには，市場の動向や販売チャネルの状況に関する情報を，流通機能を遡って運送業者，中継基地や倉庫，生産者へ

と届ける必要がある。これにより需要が拡大しているときには生産拡大や頻繁な運送がおこなわれ，需要が減少しているときには生産や物流をコントロールして無駄な在庫を減らすことができる。

サプライチェーンマネジメント（SCM：Supply Chain Management）では，小売店の POS データ，発注データ，営業時間，販促情報，メーカー・卸の在庫データ，メーカー・卸の商品の納期データ，メーカーの新製品情報，小売・メーカーの需要予測データなどを共有し，サプライチェーン全体でリードタイムの圧縮や在庫削減などの効率化を目指している。連続補充方式（CRP：Continuous Replenishment Program）により消費者の購入した分だけを随時補充するプル型の在庫補充方式を実現し，ベンダー主導型在庫管理方式（VMI：Vendor Managed Inventory）では，供給業者であるベンダーが小売業の在庫を自ら管理して，小売店による発注業務削減と，メーカーや卸売業の計画的な原料調達や生産活動，商品調達を可能としている。またあらかじめ決められた在庫の発注点と継続棚卸で算出した在庫量から，発注量を自動的に計算して自動的に在庫を発注する自動発注もおこなわれている。

店頭からの在庫情報や売れ筋情報のフィードバックが不十分になると，上流工程での在庫が増えてしまう。これをブルウィップ効果という。ブルウィップ効果を防ぐためにも流通システム全体で情報を共有化することが必要である。

（5）インターネット販売

ICT や通信技術の発達は，遠隔地との取引やオンライン上での取引がスムーズにおこなえる環境を創り出した。これにより流通システムは新たなステージへと変革を遂げることとなった。

遠隔販売のスタートは通信販売である。通信販売はカタログ販売とも呼ばれる。消費者に対して取扱商品を掲載したカタログを届け，消費者はそのカタログから買いたい商品を選びオーダーする。すると商品が消費者の手元に届くというものである。アメリカの百貨店であるシアーズ（2018 年に連邦破産法第 11 条を申請）がカタログ販売を用いて全米でビジネスを展開し，大きな成功を収

めている。通信販売のメリットは，無店舗営業になるので品揃えを多様にできること，消費者の労力が少ないこと，商圏を広く設定できること，流通経路を短縮化することで低価格を実現できること等である。

　最近はインターネットを活用したEC（Electronic Commerce）が通信販売にとって代わりつつある。ECの優位性は，①時間に捉われず24時間利用できること，②品揃えが豊富であること，③商圏に限界がないこと，④情報の比較が可能であること，⑤プライバシーを保てること，である。忙しい現代人にとって，店舗が空いている時間に合わせて買い物に行くことが出来ないことが多い。消費者自身がどこにいても，ECサイトにアクセスする事さえできればそこで購買ができ，商品を指定する場所に届けることができる。

　品揃えについては通信販売と同じく実店舗を有していないので，陳列・保管スペースの制約が少ない。また電子書籍や音楽データ，映像データなどを販売する場合にはサーバーの容量さえ十分であれば無限に商品を揃えることができる。このメリットを活用することで，ロングテール戦略を実行することが可能である。

　インターネットは世界中と繋がっているので，商品のデリバリーさえできれば商圏に限界はない。世界中の消費者と直接つながることも可能である。また消費者は様々なECサイトの情報を比較検討することができるので，もっとも合理的な選択をすることが可能である。加えてECサイトでの取引は直接店員と顔を合わせる必要がないため，店舗で買いにくい商品を買うことができることもメリットである。またECサイトでの取引では，顧客のアクセスログやサイト内の回遊・滞在時間を収集・分析することで消費者の嗜好や行動を理解することができ，将来の戦略に活用することもできる。

　一方で通信販売やECのデメリットとしては，発注後に商品が手元に届くまでの時間がかかること，直接商品を見て確認することができないことなどがあげられる。商品が手元に届くまでのタイムラグについては，すぐにその場で商品を手にすることができる店頭販売にはかなわないが，物流システムの高度化によって期間は短縮されつつある。また手元に届くまでに時間がかかることを

62

前提としてあらかじめ早めにオーダーしたり，IoT 技術を活用して自動発注の仕組みを構築したりするなどで対応することも可能である。またECサイトが製品保証や損害補償，代金回収や運搬手配をおこなうことで，出品者と消費者のリスクを軽減している。ECサイトは新たな取引のプラットフォームとして今後もますます発展していくであろう。

【注】
1） 規模の経済性とは，規模が大きくなることでコストが下がることである。
2） 自社製品を取り扱う店舗を限定すること。反対に誰でも自社製品を取り扱うことができるようにすることを開放的チャネルという。
3） 野口（2019）p.197。

参考文献

石井淳蔵・栗木契・嶋口充輝・余田拓郎「ゼミナールマーケティング入門第2版」（日本経済出版社，2013）
藤本隆宏「生産マネジメント入門1　生産システム編」（日本経済新聞社，2004）
田中一成「図解　トータル・コストマネジメント」（日本実業出版社，2000）
野口智雄「入門・現代流通論」（日本評論社，2019）

第5章　価格戦略

> **キーワード**
> 製品価値，販売価格構成，価格と販売量の関係，利益曲線，価格弾力性，
> 消費者が重視する属性，価格感度分析

　価格の決定はビジネスの成功を左右します。価格を決める際には，自社製品・サービスのポジショニングや販売価格と販売量の関係，さらには自社の費用構造を考慮にいれて利益が最大化するように設定しなければなりません。また消費者の価格に対する反応を予測することが，適正価格の設定に繋がります。この章に書いてある内容を踏まえて，ぜひ身の回りの製品・サービスの価格がどのような意図を持って設定されたのかを考えてみましょう。

1．価格戦略とは何か

（1）市場におけるポジショニングと価格

　価格は消費者に対して，その製品・サービスのポジショニングを伝える効果がある。類似製品よりも高い価格の製品を見ればその製品は高級品なのではないかと思い，逆に低い価格の製品を見ればその製品はエコノミー品なのではないかと感じるだろう。消費者の知覚価値と価格の関係から市場におけるポジショニングを示すと以下のようになる。

　この図は知覚された製品価値と価格によって，製品の市場におけるポジショニングが変わることを示している。ある商品に低価格が設定されていれば，消費者はそれをエコノミー商品として認識するであろう。逆に高価格が設定されていれば高級品だと考える。

64

図表5－1　バリューマップ

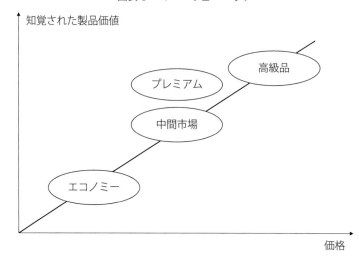

出所：吉川（2002）に基づき筆者作成。

　また価格設定は経営戦略にも影響を与えることとなる。低価格商品でエコノ
ミー市場をターゲットとする場合には，低コストで製品・サービスを作り提供
する仕組みが必要である。それには規模の経済性や業務の効率化・標準化を実
現することが戦略上のポイントになる。高価格で高級品市場をターゲットにす
る場合，それに見合う高い価値を訴求しなければならないため，差別化戦略が
重要である。また知覚された製品価値が価格よりも高いプレミアム市場をター
ゲットにする場合には，ブランディングの強化や顧客ロイヤルティを高める戦
略が必要になる。

　このように価格が市場におけるポジションを決め，自社の経営戦略の方向性
を決定することになる。このように考えると，価格設定に際してコストに目標
利益を加えて価格を設定するという積み上げ方式は適さないことになる。

　価格決定に際しては，まず自分たちの製品・サービスが目指す「市場におけ
るポジション」を決め，消費者が受け入れる価格を設定し，必要利益を決める。
ここからターゲットコストを算出して，ターゲットコストに基づいて製品・

サービスの設計をおこなう，というステップを踏む必要がある。

（2）競争相手の行動と価格

　ターゲット市場には競争相手がいて，市場シェア獲得を巡る競争がおこなわれている。価格設定によって競争相手の市場シェアを奪い，自社の売り上げを増やすことは販売戦略の重点課題である。しかし競争相手との価格競争は，結果的に自社の利益を減らし，また業界全体の利益を減らすことにもなりかねない。

　このような状況を説明する概念として「囚人のジレンマ」がある。ある市場ではＡ社とＢ社の２社が，類似製品を提供して競争しているとする。両社の間には情報のやり取りはなく，お互いの戦略を知ることができないとし，また両社の価格戦略は市場全体の拡大・縮小には影響がないと仮定する。ここで，Ａ社とＢ社の戦略上の選択肢が値上げと値下げしかないとすると，戦略実行の結果は図表５－２の通りとなる。

　図表５－２によれば，Ａ社Ｂ社にとって最も望ましい選択肢は両社が揃って値上げすることである（左上）。しかしお互いに競争相手が値下げしてきた場合のリスクを考えてしまうため，右下の「両社とも値下げ」という行動を選

図表５－２　価格戦略によるジレンマ

		値上げする	値下げする
Ａ社	値上げする	A社，B社とも最大の売上	A社の売上は減り，B社の売上は増える
	値下げする	A社の売上は増え，B社の売上は減る	A社，B社とも売上が減る
			Ｂ社

出所：筆者作成。

択してしまう。このモデルは，価格戦略では自社と競争相手にとって最も望ましい選択肢があるにもかかわらず，それぞれが自社利益の最大化を求めた結果，最も望ましい選択肢に行きつかないというジレンマに陥ることを示している。

　現実の市場ではこのような状況は頻繁に発生している。例えば百貨店では季節の変わり目にバーゲンセールを実施する。消費者はシーズン終盤になると，いずれ価格は下がるだろうと考えて値引き前の購入を控えることになる。業界全体で販売価格を維持したほうが売上も利益も増加する可能性があるが，競争相手が価格を下げた場合の自社のシェア低下を防ぐために，シーズン終盤には値引き合戦がおこなわれてしまう。

　このような状況を避けるためには，価格設定において競争相手の行動を予測する必要がある。例えば競争相手の生産設備の稼働状況や新規投資の情報などから，競争相手の最適販売価格を予想する。またプレスリリースを活用して，新聞や雑誌の記事を使って競争相手に対して間接的にメッセージを送ることもできる。

　家電量販店の店頭などで，「もし他店よりも高い商品があったら，店員に声をかけてください」という広告を見かけることがある。これは消費者からの情報提供を呼び掛けて顧客を囲い込むのが本来の目的ではない。この戦略は業界最大手企業が採用するものであるが，競争相手に対して「価格を下げることはやめましょう，あなたが当店以下の価格にしたら当店もそれに対抗して更なる値下げをしますので，市場価格全体が下がってしまいますよ」というメッセージを出しているのである。

　業界最大手企業は規模の経済性を背景に売り手に対して交渉力を発揮し，仕入れ価格を他社より低く抑えることが可能である。したがって，業界最大手企業に価格競争を挑んでもなかなか勝ち目はない。そこで業界最大手企業が，自分たちが設定する価格が市場最低価格になるように市場価格をコントロールすることが，「他店よりも高い商品があったら，店員に声をかけてください」という戦略の狙いである。

　このように価格設定は競争相手の行動に影響を与え，ひいては業界全体の利益にも影響を与えるのである。そのため価格設定においては競争相手や業界の行動を予測することが大切である。

2．価格を構成する要素

　価格の決定方法は，費用を積み上げてそこに必要な利益を加えて算出する方法と，市場の動向や競争環境を考慮して決定する方法がある。いずれにしても価格を決定する際には，その価格で販売した結果企業として必要な利益を得られることが条件であり，販売価格が単位当たりコストを上回るように設定する。

　それでは，製品やサービス1単位当たりのコストはどのように算出されるのであろうか。企業のコストは変動費と固定費に分かれる。変動費とは製品やサービスの生産量が増えるとそれに合わせて増えていく費用のことで，固定費とは製品やサービスの生産量とは関係なく一定の費用が常に発生しているもの，と考えれば良い。変動費の代表的なものは原材料費であり，固定費の代表的なものは人件費や事務所の経費である。ここでは説明を単純化するために，変動費＝直接費，固定費＝間接費とする。

　直接費とは，その製品やサービスを提供する際に発生し，個々の製品やサービスに配賦することが出来る費用である。原材料費などがそれに該当する。間接費とは，その企業や事業所の活動によって発生する費用であり，個々の製品やサービスの提供に伴って直接発生する費用ではないため，個々の製品やサービスに単純に付加することが出来ない費用である。そのため原価計算では，間接費をある一定のルールに基づいて個々の製品やサービスに割り当てて原価を計算する。例えば本社経費を売り上げた製品の個数で割って製品1個当たりの本社経費配賦金額を決める，といった具合である。

　製品の販売価格構成を図に示すと図表5-3の通りとなる。

　図表5-3を左から右へ見ていく。製品・サービスを生産するために必要な

図表 5 - 3　製品の販売価格構成

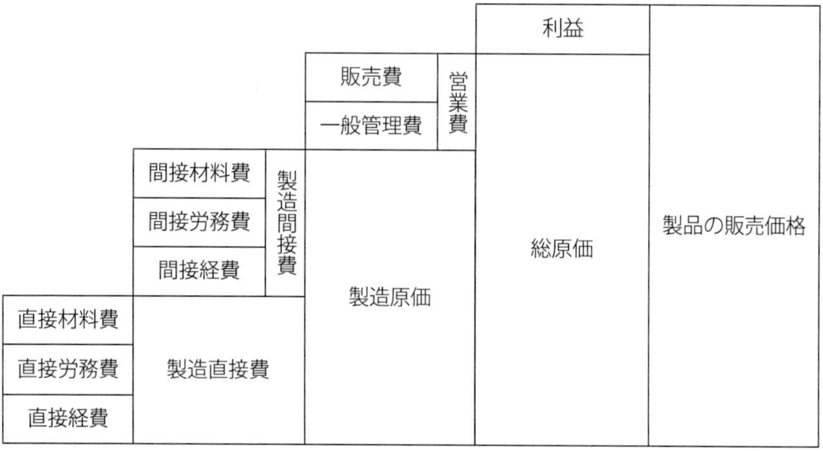

					利益	
			販売費	営業費		
			一般管理費			
	間接材料費	製造間接費			総原価	製品の販売価格
	間接労務費		製造原価			
	間接経費					
直接材料費						
直接労務費	製造直接費					
直接経費						

出所：岡本（2000）に基づき筆者作成。

材料費，労務費，直接かかる経費を合計したものが製造直接費となる。製造直接費に間接的に掛かる材料費や労務費，間接経費といった製造間接費を加えると製造原価になる。製造直接費は製品を作っている工場で直接生産ラインに携わっている人々の給料や材料費，製品を作るために直接掛かっている費用のことで，製造間接費は製品の製造には直接かかわっていないが，その工場で作られている複数の製品に共通して使われている材料費や工場で働く事務スタッフの給料，工場を維持管理するのにかかる費用のことと理解すればよい。

　製造原価に販売費や一般管理費を加えると総原価になる。販売費や一般管理費は営業費というが，工場で働いているスタッフ以外の，営業部門や本社の管理部門などで働いているスタッフにかかる経費だと考えれば良い。

　この総原価に会社として必要な利益を加えると，それが製品の販売価格になるのである。

3．価格の決定方法

（1）価格の基本的な考え方

　図表5－3を踏まえると，企業の利益は

　　利益＝価格×販売数量－コスト

によって求めることができる。利益を増やすことは企業にとって重要な目標であり，そのために価格，販売数量，コストという3つの変数を管理しなければならない。

　第一の変数である価格とは，顧客の立場からすれば，その製品やサービスがもたらす価値に対する対価である。したがって，顧客が「顧客が得られる価値＞価格」と感じてくれる価格になっていれば，顧客はその価格を妥当だと考えて購入を検討することになる。

　顧客は製品を購入する前に手に取って確認することはできる。しかし顧客が実際に価値を得られるのは，それを使うときである。つまり事前に価値を確認することはできない。またサービスは目に見えず実際に経験しなければ解らないため，やはり事前にその価値を確認することはできない。

　そこで顧客は，「製品・サービスから得られる価値」を事前に判断するための情報の1つとして価格を利用して，その製品・サービスを評価する。例えば高い価格であればそれなりに価値があるだろうと考え，安すぎる価格であればその品質について疑問を持ってしまう。つまり価格は，その製品やサービスの市場における評価やポジショニングに対して影響を与えるのである。

　第二の変数である販売数量を増やすためには，販売チャネルの協力を得ることが必要である。店舗は売り場面積が限られているため，店主は売り場面積当たりの利益を増やしたいと考える。売値が同じであれば，1つ売るごとに得られる利益金額が大きい方が店主にとっては魅力的な製品である。そのため販売チャネルが積極的に売ってくれるように，製造元や卸から店舗へ卸す「仕切り

価格」と店頭での「販売価格」の差を大きくする必要がある。したがって製造元や卸は店舗の利益を考えた価格設定をしなければならない。

　数字が消費者心理に与える影響も考慮すべきである。1,000円と980円では20円しか違わないが，980円の方が購入の際の心理的障壁を下げることを体験したことがある人は多いだろう。また類似商品と比較して，同じものであれば安いものを買おう，と考えるのも当然である。

　このように価格を考える際には，

① 　その製品やサービスが顧客にもたらす価値

② 　製品・サービスのポジショニング

③ 　販売チャネルに対する施策

④ 　顧客への心理的影響

⑤ 　競合他社の製品

を考慮しなければならないのである。

（2）価格と販売量の関係

　さらに価格と販売量の関係を考えるときには，次に述べる2種類の状況を考慮すべきである。1つ目の状況は，顧客の意思決定が「買うか，買わないか」という二者択一の状況である。これは顧客の感じる価値が価格を上回った場合に顧客はその商品を1つ購入するが，それ以上価格が下がっても購入量は増えない，ということを意味する。例えば，自動車を購入するケースが該当する。消費者は車を1台買えば，価格が下がったからといって追加でもう1台買おう，と考えることはないであろう。

　もう一方の状況は，価格によって消費者は購買する数を増減させるという状況である。例えば，通常500円で売られているチョコレートが割引で200円になっていたので，1つ買うつもりがつい2つ買ってしまった，というような場合である。

　以上を踏まえると，ビジネスにおいて売り手が価格設定を考えるときには，価格によって消費者の行動が変化することを考慮する必要がある。これを図に

図表 5 － 4　価格─販売量反応曲線

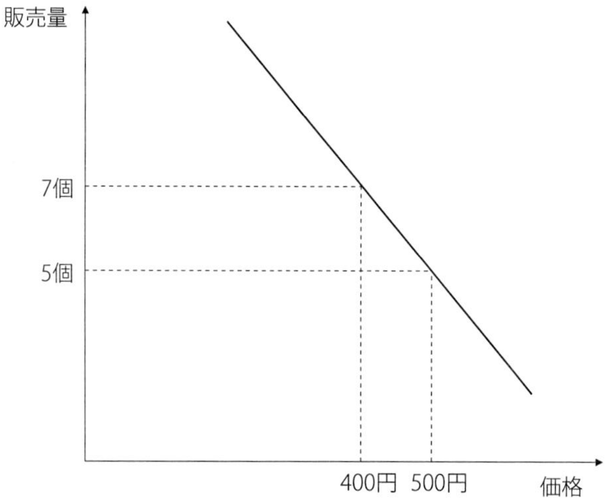

出所：吉川他（2002）に基づき筆者作成。

表すと図表 5 － 4 の通りとなる。

　図表 5 － 4 は，ある商品は単価 500 円の場合は 5 個売れるが，単価を 400 円にすると 7 個売れるということを示している。この例にしたがえば，500 円で売るよりも 400 円に値下げして販売したほうが販売個数は 40％増加し，売上金額も 12％アップすることとなる。

　それならばこの商品の場合は，価格を値下げして販売したほうが良いといえるのだろうか。そこでこの商品を販売することによって得られる利益（貢献利益）を考えてみることとする。この商品の原価が 300 円であった場合，500 円で販売した場合の貢献利益は

　（500 円 － 300 円）× 5 個 = 1,000 円

となるが，400 円で販売した場合は，

　（400 円 － 300 円）× 7 個 = 700 円

72

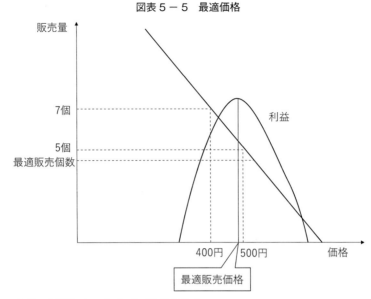

図表 5 − 5　最適価格

出所：吉川他（2002）に基づき筆者作成。

　となる。もし，この会社の営業経費が 500 円だった場合，最終利益は単価 500 円の場合には 500 円だが，単価 400 円の場合には 200 円にしかならない。つまりこの会社は単価 500 円で販売したほうが利益は増える，ということになる。
　この関係を理解するために，図表 5 − 4 に利益曲線を書き加えてみる。図表 5 − 5 を見てみよう。
　この製品の原価は 300 円なので，販売価格が 300 円を超えたところから利益が発生する。価格が高くなるごとに販売量は減るが製品 1 個当たりの利益が増えていき，あるところで販売個数と製品 1 個当たりの利益を掛けたものが最大値になる。それ以降は価格を高く設定すれば製品 1 個当たりの利益は増えていくが販売数量が減っていくので利益総額は減少することとなる。
　利益曲線が図表 5 − 5 のように山なりになる理由は，製品・サービスのコストは一定ではなく，ある数量まではコストは下がるが，ある数量を超えるとコストが上がってしまうからである。

　簡単な例で説明すれば，1 日にチョコレート 10 個を作るのであればショコラティエは 1 人で出来るが，11 個以上になるともう 1 人必要になる，というケースである。この場合，チョコレートの生産量が 11 個になると人件費が 2 人分かかるので，10 個の場合と比較するとチョコレート 1 つ当たりに賦課されるショコラティエの人件費が高くなり，トータル・コストは高くなってしまう。

　このように価格を設定する場合には，価格による売上数量の変化と自社のコスト構造を考慮に入れて最適販売価格を設定する必要がある。

4．価格弾力性

（1）価格弾力性とは何か

　前項で述べた通り，最適価格帯を求めるためには価格の変化が販売数量に与える影響を考慮する必要がある。一般的に価格が低下すれば販売数量は増え，価格が上昇すれば販売数量は減少する。しかし価格の変化による販売数量の増減は製品・サービスの種類によって異なる。価格が少しでも下がれば売れる個数が大幅に増えるものもあれば，価格が下がっても売れる個数は殆ど変わらないものがある。反対に，価格が上がっても売れる個数が殆ど減らないものもあれば，ほんの僅か価格が上がっただけでも売れる個数が大幅に減ってしまうものもある。

　このように価格の変化が販売数量に与える変化のことを「価格弾力性」という。価格弾力性は以下の計算式で求められる。

　　価格弾力性＝販売量の変化率（％）÷価格の変化率（％）

　価格弾力性が高いとは，価格の変化率に対して販売量の変化率が大きいことである。反対に，価格弾力性が低いとは，価格の変化率に対して販売量の変化率が小さいことである。価格弾力性は，製品・サービスのカテゴリーやそれぞれの製品・サービスによって異なるため一概にいうことは難しいが，例えば生

活必需品であるお米などは多少価格が変動しても，販売量が大きく増減することはないであろう。また高級ブランド品も多少価格が上昇しても，それを欲しい人は購入すると考えられる。つまりこのような商品は価格弾力性が低いこととなる。

　一方で，清涼飲料水等は，価格が下がればまとめ買いする消費者が出てくるため販売数量は増える。旅行商品も価格が下がれば購入する人の数が増える。このような商品は価格弾力性が高いこととなる。

　吉川他（2002）[1]によれば，以下の条件に該当する商品は，一般的に高い価格弾力性につながる傾向がある。

① 　類似性や代替性が高く，差別化がほとんどされていない商品。
② 　価格の透明性が高い，価格の認知度が高い，価格が容易に比較可能。
③ 　購入頻度が高い。
④ 　危険性が低いと認識されている。
⑤ 　製品知識がある，製品を客観的に判断する能力がある（工業製品）。
⑥ 　意思決定者が自分自身で製品の代金を支払う。
⑦ 　ブランドの認知度が低い，ブランド・ロイヤルティが低い。
⑧ 　品質と販売方法が大衆向けである。
⑨ 　絶対的な価格が高い。
⑩ 　最終製品のトータル・コストに占めるそのアイテムのシェアが高い。
⑪ 　エンド・ユーザー市場でバイヤーとリセラーが競合している。
⑫ 　イメージと名声の重要性が低い。
⑬ 　製品カテゴリー内でプロモーション活動が積極的におこなわれている。
⑭ 　市場シェアが低い。

（2）価格弾力性を踏まえた価格設定と経営戦略の決定

　価格設定戦略では，価格弾力性を考慮にいれて市場の動きを予測しなければならない。価格弾力性が1を下回る商品・サービスの場合，つまり価格弾力性が低い場合には，価格を引き上げることを検討すべきであろう。その理由は，

例えば価格弾力性が 0.5 であれば，10％の値上げをおこなっても販売数量は5％しか低下しない。

　例えば製品の元の価格を 1,000 円，値上げ前の販売数を 100 個とし，値上げによる単価のアップによる効果と値上げによる売り上げ数が減少する効果を計算すると，

　　値上げ前：1,000 円× 100 個＝ 100,000 円

　　値上げ後：1,100 円×（100 個×（1 － 5％））＝ 1,100 円× 95 個＝ 104,500 円

となるため，値上げをすることで売上金額を増やすことが可能となる。

　逆に価格弾力性が 1 を上回る場合，つまり価格弾力性が高い場合には，価格を引き下げることでそれ以上に販売数量を増やすことができるため，売上が増加することになる。例えば価格弾力性が 2.5 であれば，10％の値下げをおこなうことで販売数量を 25％増やすことができる。

　　値下げ前：1,000 円× 100 個＝ 100,000 円

　　値下げ後：900 円×（100 個×（1 ＋ 25％））＝ 900 円× 125 個＝ 112,500 円

　以上を踏まえると，価格弾力性が 1 を下回る商品・サービスの場合には価格引き上げが重要な戦略となるため，価格を引き上げても消費者が引き続き購入してくれるように，付加価値を高めブランド力を強化するなどのマーケティング戦略を講じることが競争優位につながることになる。

　一方で価格弾力性が 1 を上回る商品・サービスの場合には価格引き下げが重要な戦略となるため，標準化やマニュアル化による合理化・効率化，規模の経済性や経験効果，機械化などによるコスト引下げ策を講じて，販売価格を下げても利益を確保できるようにすることが競争優位を実現することとなる。

　このように，価格弾力性を把握することは価格設定の方向性を決め，自社の競争戦略の方針を決定することに大きな影響を与えるのである。

５．価格反応の推定

（１）消費者の意思決定と価格

　消費者は自らが感じる価値と価格を比較して，価格の方が低いと感じた場合に購入を検討する。製品やサービスは価値の束を提供しているため，消費者は様々な観点から製品やサービスを評価し，購入するか否かを検討する。

　青木他（2013）によれば，消費者の購買意思決定プロセスとして，問題認識，情報探索，選択肢の評価，選択・購買，購買後の再評価，という５段階を示している。問題認識と情報探索は購買前に，選択肢の評価と選択・購買は購買時に，購買後の再評価は購買後におこなわれ，購買後の再評価の結果は次回以降の問題認識に影響を与えることとなる。

図表５−６　消費者の購買意思決定プロセス

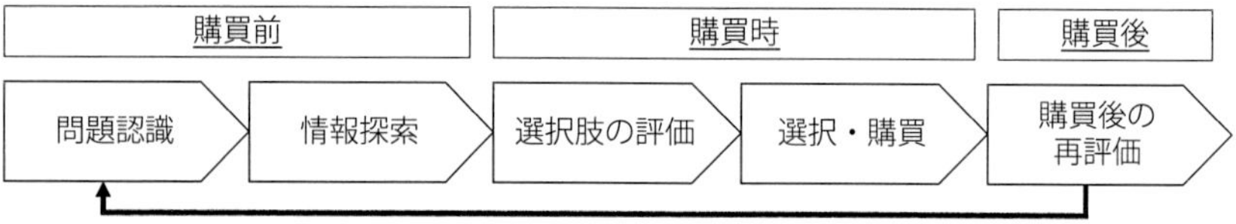

出所：青木他（2013）に基づき筆者作成。

　意思決定に関する理論としては，その製品・サービスが持つ様々な効用をそれぞれ評価する多属性効用理論や，他人の評価や最も価格が安いものを選ぶなど経験則を元に情報処理を簡略化してしまうヒューリスティクスなどがある。情報処理を簡略化してしまう理由は，人間が処理できる情報量には限界がある（限定合理性）からである。

　また意思決定ルールの類型として，何か１つの属性で劣っていても他の属性で埋め合わせができると考える補償型意思決定ルール，一方で何か重要な属性で劣っていることを理由としてその選択肢を頭から拒否する非補償型意思決定

ルールなどがある[2]。

　多属性効用理論に基づけば，消費者が評価する様々な効用は，製品・サービスごとに異なっている。例えば自動車の場合，高級車であれば乗り心地や静寂性を高く評価するが，スポーツカーであれば乗り心地や静寂性よりも，エンジンの馬力やスタイルを重視するだろう。

　限定合理性に基づけば，すべてを詳細に検討することは難しいため，価格からその製品・サービスの特徴を推測する場合もありうることとなる。スポーツカーの購入に際して試乗したり雑誌やインターネットで調べたり，所有者の意見を聞いたりしてもきりがなく，また手間も時間もかかる。そこで消費者は，価格が高いスポーツカーの方が，価格が安いスポーツカーよりも購買後の体験においてきっと素晴らしい点があるだろう，と考える場合がある。

　また過去に自分が購入したり，他の人が購入したスポーツカーに対する評価とその価格を結び付けて考えたり，このスポーツカーの価格が高いのは定期点検などのメンテナンスサービスのレベルが高いからであろうと考えることもある。

　このような消費者の意思決定において，その製品・サービスの評価軸として価格は大きな役割を果たしている。つまり価格は，消費者にとって非常に重要な評価指標であり，消費者に対してメッセージを届けるものなのである。

（2）消費者が重視する属性と価格の関係

　これまで消費者の意思決定に価格が与える影響を見てきた。これらのことから考えられることは，価格を決定する際には，消費者がその製品・サービスのどの部分やどの特徴を最も高く評価するかを見極めるべき，ということである。消費者が最も重要視する便益や属性を強化することができれば，高い価格を設定することができることになる。

　消費者が何を重要視して評価するかを「消費者選好」というが，消費者選好に基づいて消費者の価格反応を推定する方法としてコンジョイント分析がある。

　コンジョイント分析とは，心理学のコンジョイント測定に端を発した手法である。製品の市場での成否に大きく影響があると考えられる複数の重要な属性を取り上げ，それらに対する顧客の反応を測定する[3]。これにより，顧客が重視する製品属性とそれが価格に与えるインパクトを想定することができる。これにより製品・サービスの設計と，ターゲット価格の設定を検討することが可能となる。

　吉川他（2002）[4]はコンジョイント分析を通じて以下の問題の検討が可能になるとしている。

① 購入を決める際の品質，デザイン，技術的な特徴，価格などの製品属性の重要度。

② 価格条件においてブランドが占める価値。

③ サービスの価格価値。

④ 価格とそれ以外の製品属性の変化が市場シェアに与える影響。

⑤ 競合製品の価格や製品動向が自社製品のシェアに与える影響。

⑥ 消費者による製品やサービスの属性，価格についての評価基準。

⑦ 価格引き下げや品質改良を伴う価格引き上げによる消費者選好の変化。

⑧ 将来の新製品・サービス開発に向けて強化すべき属性。

　消費者の価格に対する反応を推定する方法としては，コンジョイント分析以外でも，顧客へのインタビュー調査，価格感度分析，価格実験，過去の市場データに基づく分析などがある。これらの方法を組み合わせて消費者の価格反応を推定することは価格決定において重要な視点となる。

（3）価格感度分析

　市場における最適価格帯を調査する方法としてPSM分析（Price Sensitivity Meter）がある。これは消費者がその製品・サービスに対して持っている価格イメージ，価格感といった参照価格を求める方法である。具体的には，回答者に以下の4つの質問に対して具体的な金額を答えてもらう。

① その商品は，いくらぐらいから「高い（安くない）」と思いますか。

②　その商品は，いくらぐらいから「安い（高くない）」と思いますか。

③　その商品は，いくらぐらいから「高すぎて買えない」と思いますか。

④　その商品は，いくらぐらいから「安すぎて品質が疑わしい」と思いますか。

　上記質問に対する回答を集計して累積分布を取り，図表5－7のような4本の曲線の交点を求めて基準の価格とする。

　図表5－7に示す通り，「安すぎる」と「高い（安くない）」の交点が最低品質保証価格であり，下限価格となる。これよりも価格が低くなると，品質に対する疑問を持たれてしまう傾向がある。また「高すぎる」と「安い（高くない）」の交点が最高価格であり，上限価格となる。「高い（安くない）」と「安い（高くない）」の交点が妥当価格，「安すぎる」と「高すぎる」の交点が理想価格となる。また最低品質保証価格と最高価格の間が，市場における価格の許容範囲

図表5－7　PSM分析

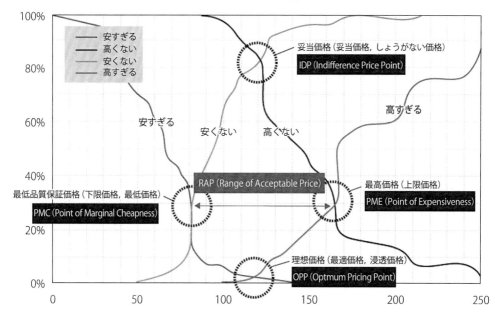

出所：マクロミル（https://www.macromill.com/service/data_analysis/price-sensitivity-meter.html）。

と考えることができる。

【注】
1） 吉川他（2002）p.97 〜 p.98。
2） 青木他（2013）p.222 〜 p.229。
3） 上田・生田目（2017）p.161。
4） 吉川他（2002）p.87 〜 p.88。

参考文献

青木幸弘・新倉貴士・佐々木荘太郎・松下光司「消費者行動論　マーケティングとブランド構築への応用」（有斐閣アルマ，2013）

伊丹敬之・西野和美編著「ケースブック経営戦略の論理」（日本経済新聞社，2004）

上田雅夫・生田目崇「マーケティング・エンジニアリング入門」（有斐閣アルマ，2017）

岡本清「原価計算　六訂版」（国元書房，2000）

吉川尚宏監訳・エコノミクス・コンサルティング研究会訳「価格戦略論」（ダイヤモンド社，2002）〔原典：Power Pricing How Manage Price Transform the Bottom Line, Robert J. Dolan & Hermann Simon, 1996〕

第6章　プロモーション戦略

> **キーワード**
> マーケティングミックス，プロモーション・ミックス，リベート，広告
> 活動，PR活動（パブリック・リレーションズ），人的販売，セールス・
> プロモーション，ソーシャルメディア

　私たちの身の回りでは，様々なプロモーションがおこなわれています。売上
と利益を増やし，販売チャネルとの良い関係を築くためにはどのようなプロ
モーションを企画することが効果的なのでしょうか。また顧客とより良い関係
を作り，顧客を囲い込むためにはプロモーション段階で何を考えておくべきな
のでしょうか。皆さんの身近にある商品を例に，「もし私がこの商品のプロモー
ション責任者だったら，・・・」と考えながら読み進めていきましょう。

1．プロモーション戦略とは何か

（1）プロモーション戦略の目的

　プロモーション戦略は，製品（Product），価格（Price），流通（Place）と並ぶ
マーケティングミックスの1つである。その目的は，消費者に対しては購入意
欲を喚起して購買行動へとつなげ，流通業者に対しては特定の製品・サービス
を積極的に取り扱おうという意欲を高めることである。

　ここではプロモーション戦略を，「マーケティング・コミュニケーションを
通じて消費者の態度や行動を変え，購買につなげるための戦略」と定義する。
プロモーション戦略は，大きく分けて「広告」，「消費者向けプロモーション」，
「流通業者向けプロモーション」，「カスタマー・リレーションシップ・マネジ

メント（CRM）」の４つから成り立っている。

　プロモーション戦略で実現したいことは，

① 　購買を動機づける

② 　認知を高める

③ 　共感を促進する

④ 　流通業者を動機づける

の４点である。

　①購買を動機づけるとは，認知から購買に至る消費者の一連の行動に働きかけて購買につなげることである。具体的には新規顧客の獲得～購買に至るプロセスと，既存顧客の購買促進の２つをあげることができる。

　②認知を高めるとは，製品・サービスの認知度を高めるとともに，購買プロセスを進めていく行動のきっかけとなる情報発信をすること，興味喚起による理解の促進や納得感の醸成を図ること，が含まれる。マスメディアを活用した広告から，店内プロモーションまで，切れ目のないプロモーション活動が求められる。

　③共感を促進するとは，製品・サービスやブランドへの理解や好意を促進するために，情報や体験機会を提供することである。SNS を活用したプロモーションでは，共感を促進することで情報を広く拡散することができる。

　④流通業者を動機づけるとは，小売・販売業者が自社製品・サービスを優先して取り扱うようになり，消費者に対して購買を推奨してくれること，である。単にマージンを増やすことに留まらず，小売・販売業者の売り場づくりの支援も含めて Win-Win の関係を構築することが必要である。

　これらを通じて，消費者による購買の拡大を実現することがプロモーション戦略の目的である。

（2）プロモーション戦略のポイント

　プロモーション戦略を考えるにあたっては，消費者の変化，小売業など流通業者の変化，広告の変化を考慮する必要がある。以下にこれらがどのように変

化してきたのかを整理する。

① 消費者向けのプロモーション

　消費者のニーズが多様化したことにより，消費者を一括りで捉えていても消費者が魅力的だと感じてくれるプロモーションをおこなうことはできない。そこで，消費者をある基準で分類し（セグメンテーション），その中から自社の製品・サービスの顧客にしたい消費者に狙いを定め（ターゲティング），そこに対して自社の特徴を明確に打ち出して確固たるポジションを打ち出す（ポジショニング）必要がある。この一連の活動がマーケティングである。

　最近のマーケティングの重点ポイントは，消費者の態度を変えることから，消費者の行動を変えることへとシフトしている。以前のマーケティング活動では，ブランディングを強化し広告を流すことで消費者の製品・サービスに対する態度を変えることを重視してきた。しかし最近は，広告に触れても態度が変わりにくい消費者が多数存在し，態度が変わってもそれが購買行動に結びつかない消費者が増えてきている。そのためプロモーションの重点は，消費者の態度変容を目的とした「広告」から，消費者の購買行動促進に訴えかける「セールス・プロモーション」へ移っている。

　消費者の購買行動を起こすためには，消費者による製品・サービスの消費を増やす必要がある。これには製品・サービスの効果効能など機能的効果に関するメッセージとともに，その製品・サービスを利用することによる情緒的効果など，消費者に対してユージングシーンを想起させるプロモーションが有効である。また機能的効果と情緒的効果はブランディングの要素でもあるため，ユージングシーンを想起させるプロモーションを通じて消費者の態度と行動の変化を促進する効果もある。

　また店内でおこなう販売促進施策である「インストア・プロモーション」の強化も有効である。消費者が日常使いしている最寄り品は，店内で衝動的に購買される場合が多い。そのためには売り場のPOP広告等の工夫，試飲や試食などの体験の実施，価格プロモーションの実施などを組み合わせて，消費者に

直接訴求して行動の変化を促す工夫が必要である。

② 小売店など流通業者向けのプロモーション

　消費者の購買行動の変化は，小売店に対するマーケティング政策にも影響を
及ぼしている。日本では，メーカーが小売店の販売協力に対してリベートを支
払う場合，「この商品を 1,000 個販売したら，メーカーは販売報奨金として小
売店に対して 50,000 円を支払います」といったように，販売数量に対する報
酬として設定されることが多い。そのため小売店は，その商品の値下げをして
でも販売数量を増やすことに重点をおくようになった。

　その結果，リベート支払いの対象となった製品は「安売り商品」というイ
メージが付いてしまってブランド価値が低下し，リベートを支払うメーカーの
経済的負担も増えて利益が減少するといった矛盾を引き起こした。

　このような状況を踏まえて，メーカーがおこなう流通プロモーションは，自
社製品を積極的に売ってもらうためのリベート支払い方法から，小売店がより
有効な販売活動をおこなうためのインストア・プロモーション支援へと変化し
ている。

　インストア・プロモーションでは自社製品の売上増大のみならず，小売店の
売り場全体の活性化につながる提案や，消費者向けプロモーションの指導提案
など，小売店の課題解決に向けた取り組みが中心となっている。製販一体とな
って消費者に対して働きかける施策の立案と実行が流通プロモーションの取組
課題となっているのである。

2．プロモーション・ミックス

　プロモーションの主な手段は，「広告活動」，「PR 活動（パブリック・リレーシ
ョンズ）」，「人的販売」，「セールス・プロモーション」の4種類であり，これ
を「プロモーション・ミックス」と呼ぶ。商品特性，ターゲット顧客，プロモー
ションの目的に応じて，プロモーション・ミックスを組み合わせて，効果的に

図表6－1　プロモーション・ミックス

プロモーション方法	具体例
① 広告活動	テレビ・ラジオ広告，新聞・雑誌広告，折込広告，ポスター，看板，ノベルティ（企業名入りのグッズ），ダイレクト・メール，インターネット広告，等
② PR活動	プレス発表，年次報告書，学会発表，社内報，スポーツやコンサートなどの協賛，財界活動，等
③ 人的販売	販売員による商品説明・推奨，カウンセリング販売，等
④ セールス・プロモーション	クーポン，プレミアム（おまけ，景品など），懸賞，増量パック，低金利ローン，サンプル配布，リーフレット（小冊子），商品展示，見本市，特別陳列，等

出所：石井・栗木・嶋口・余田（2013）p.108に基づき筆者作成。

消費者に働きかける戦略を考え実行することが重要である。

（1）広告活動

　広告活動とは，多くの消費者が目にするメディアや場所を活用して自社の商品情報を発信する活動である。消費者の意識や行動の変化に伴い，広告の役割もマス・マーケットを対象とした「認知度の向上」から，「消費者の満足度を高める」こと，更に「消費者の期待が向上する」ことへと移っている。広告効果の測定方法としては，特定の広告に投じた広告費用とその広告から生じた売上高[1]，広告認知率，最近のインターネット広告に関してはSNSフォロワー数，SNS拡散数，キャンペーンの応募率などがある。広告を実施する際には，あらかじめ広告効果を測定するKPI（Key Performance Indicator）を設定しておくことが重要である。

　広告に対する消費者の反応プロセスを示したものとしては，テレビ・ラジオ・新聞・雑誌が広告の中心的メディアであった時には，A（Attention：注意を払う）→ I（Interest：興味を持つ）→ D（Desire：欲求する）→ M（Memory：記憶する）→ A（Action：行動する）が一般的であった。しかしスマートフォンの普及により，消費者がインターネットを利用する時間が増えたこと，SNSを通じて消費者が積極的に情報を発信することなどから，広告媒体の中心がイン

ターネット広告や SNS に移ってきた。その結果，広告に対する消費者の反応プロセスも，A（Attention：注意を払う）→ I（Interest：興味を持つ）→ S（Search：検索する）→ A（Action：行動する）→ S（Share：共有する）へと変化している。

また広告を一番見ている人は，ターゲット顧客層ではなく，その製品・サービスを提供している会社の社員，二番目に見ている人はその製品・サービスを購入した人であるという調査結果がある。製品・サービスを購入した人に対する調査結果では，広告を見て買いに来たというのは全体の 13.1％，売り場で広告を思い出したというのが 17.9％となっている。これらの調査結果から，広告の二次的効果が重要になりつつあるということがわかる。

なぜその製品・サービスを購入した人が広告をみるのだろうか。その理由は，購買後に「本当にこれで良かったのだろうか」と不安を感じている消費者が少なからずいるということである。これを「認知的不協和」というが，売り手は広告を購入者の不安や不満足を解消し，次回の購買に向けて購入者の好意的な態度を形成する方法として活用することも考えなければならない。

また売り場に訪れた消費者に，広告を通じて製品・サービスを想起させなければならない。これはインストア・プロモーションの中心的活動である。店内に設置された POP 広告（Point of Purchase Advertising）は購買行動を引き出す効果があることがわかっている。売り場と広告の関係では，売り場と広告の連動が重要であり，

① 広告とプロモーションを連動させること。
② 売り場で広告を想起するようなプロモーションをおこなうこと。
③ 広告は売り場で想起しやすいように工夫する事。
が求められる。

（2）PR 活動

PR 活動は広告活動とは異なり，自社商品がテレビ・ラジオ・新聞・雑誌などの記事や番組として取り上げられることを狙っておこなう，様々な情報提供活動である。自社商品が記事や番組で取り上げられることのメリットは，第三

者の視点で商品が紹介されるため消費者の信頼を得やすいこと，宣伝費用が掛からないことなどである。デメリットとしては，単発で終わってしまうことと，必ずしも自社が望む内容で取り上げられるとは限らないこと等である。

　また企業がおこなう社会貢献活動や，情報公開などを通じて自社製品の知名度を高めたり，イメージの向上を図ったりする活動なども含まれる。企業によるCSRとしておこなわれる文化芸術支援（メセナ），慈善活動や寄付行為（フィランソロフィー）などがこれに該当する。

（3）人的販売

　人的販売は，営業担当者や販売員など人を介して消費者に対して直接営業活動をおこなう方法である。人的販売は顧客のニーズに応じたきめ細かい対応が可能であることから，高級商品の販売や複雑な商品の販売をおこなう際に有効である。接客サービスを通じて顧客満足度を高めることで他社商品との差別化を図り，顧客ロイヤルティを高めて顧客の囲い込みを実現することも可能である。

　会社対会社取引で取り扱う生産財でも，人的販売が中心的活動となっている。特に「コンサルティング営業」と呼ばれる課題解決型営業を通じて，顧客との間にWin-Winの関係を創り信頼関係を深めて，長期的かつ安定的な取引を実現している。

　人的販売のデメリットは，人件費がかかること，一定水準以上の販売品質を保つための教育・トレーニングに時間とコストがかかることである。人的販売にはサービス的要素が多く含まれるため，業務の標準化が難しく，担当者によって営業品質にバラつきが生じるなど個人に依存する部分も多い。また接客をしても必ずしも成約に結びつかない場合もある。

　そこで最近は，社内から外部の顧客に対して電話やメールを使って営業活動をおこなうインサイド・セールス部門が見込み客開拓をおこない，そこで得られた見込み客リストに対して営業部門が人的販売をおこなうといった分業体制を取ることも多い。

（4）セールス・プロモーション

　セールス・プロモーションは，メーカーが消費者向けにおこなう消費者プロモーションと，メーカーが流通業者向けにおこなうトレード・プロモーション，流通業者が消費者に対しておこなうリテール・プロモーションに分類できる。これを図に示すと以下の通りとなる。

図表６－２　セールス・プロモーションの分類

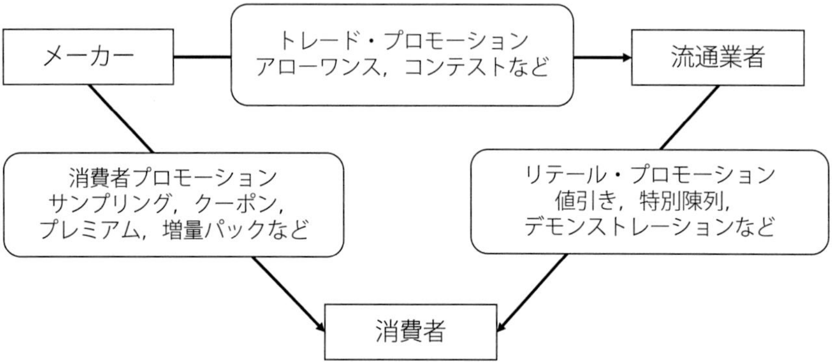

出所：守口（2017）に基づき筆者作成。

　ここではまず消費者に対するプロモーションについて説明し，次に小売店など流通業者向けのトレード・プロモーションについて説明する。

① 消費者に対するプロモーション

　消費者に対するプロモーションを整理すると，図表６－３の通り大きく４種類のプロモーション方法に分類することができる。以下に，この分類に基づき詳細について説明する。

１）体験プロモーション

　体験プロモーションは，消費者に実際に対象商品を体験してもらう機会を提供し，その良さを理解させることで，認知から購買に至る時間を大幅に短縮す

図表6－3　プロモーション手法の分類

分類	概要	手法
1．体験プロモーション	対象商品の告知・認知の促進とともに，実際に対象商品を試し，体験してもらう機会を提供する手法。	①プロダクトサンプリング ②モニタリング ③デモンストレーション ④ポップアップストア
2．プレミアムプロモーション	様々なプレミアム（商品，金券，旅行など）の提供で，対象商品の購入を誘発する手法。	①オープン懸賞 ②クローズド懸賞 ③総付けプレミアム
3．プライスプロモーション	一時的に対象商品の価格を下げることで，新規顧客の試し買いを誘発する手法。	①値引き ②クーポニング ③キャッシュバック ④オフラベル（特別価格品） ⑤トライアルパック ⑥ボーナスパック（増量パック）
4．制度プロモーション	さまざまな仕組みを販売制度の一部として定着させ，比較的長期にわたり特典を提供する手法。	①ポイントプログラム制度 ②会員制度 ③コミュニティ制度 ④サービス制度

出所：一般社団法人　日本プロモーショナル・マーケティング協会（2019）。

ることができる。

　体験プロモーションは新商品，購入経験率の低い商品，競合他社との差異が解りやすい商品に効果的である。新規顧客の試し買い促進や競合からのブランドスイッチの促進にも有効である。新たな使い方提案などを通じて，既存顧客の継続購入にもつなげることが出来る。

　2）プレミアムプロモーション

　プレミアムプロモーションは，消費者に対して商品・金券・旅行など様々なプレミアムを提供することで対象商品の購入を誘発する手法である。商品に対してプレミアムの魅力を上乗せすることでブランドの価値を高める効果もある。

　プレミアムプロモーションは，プレミアムの提供を対象商品の取引を条件としない「オープン懸賞」と，取引を条件とする「クローズド懸賞」，「総付けプレミアム」に分類される。オープン懸賞は主に製品・サービスの認識フェーズで，クローズド懸賞や総付けプレミアムは製品・サービスの購買フェーズで効

果的である。また提供するプレミアムによって，消費者による「検索・共有・拡散」により，プロモーションの増幅効果を見込むことができる。

　しかしプレミアムプロモーションでは，消費者に対して対象商品とプレミアムの両方の価値を伝えなければならないため，訴求ポイントがぼやけてしまうことに注意が必要である。

　3）プライスプロモーション

　プライスプロモーションは，一時的に対象製品・サービスの価格を下げることで新規顧客の試し買いを誘発する手法である。対象商品の価格そのものを変更する価格政策とは異なり，あくまでも短期的なプロモーションの一環として実施される。

　シンプルで解りやすいプロモーションであるが，需要の先食いや安売りイメージにつながってしまう可能性もあるので，実施に際しては注意が必要である。

　4）制度プロモーション

　制度プロモーションは，様々な特典提供の仕組みを組み込み，比較的長期に渡って展開する手法である。主な目的は，一度対象製品・サービスを購入した顧客に繰り返し購入してもらい優良顧客に導くことである。

　販売制度に組み込む手法であるため，小売業やサービス業，専用の販売チャネルを持つ企業に有効である。また製品・サービスは高額商品，継続利用性の高いものに効果的である。

② 　小売店など流通業者に対するプロモーション

　1）アローワンス

　流通業者の販売努力に対してメーカーから支払われる金銭的見返りの総称である。類似したものにリベートがあるが，リベートが流通業者との長期安定的な関係構築を目的として流通業者の利益率低下に伴うマージン補填という性格を有するのに対して，アローワンスは特定の商品の販促を目的とするものであり，性格が異なる。

　具体的な例としては，小売業がチラシ広告をおこなう際にメーカーの意図に
沿って自社製品を掲載することに対して支払われる広告アローワンス，小売業
がメーカーの意図に沿って特別陳列を実施する場合に支払われる陳列アローワ
ンスがある。

　2）コンテスト

　何らかのテーマを設定したコンテストをおこない，入賞者に対して商品や景
品を与えて販売促進を実現しようという手法である。売上高の達成度に応じて
賞金などを与える「販売コンテスト」や，特別陳列の見映え・出来栄えを競う
「陳列コンテスト」がおこなわれている。またコンテストは流通業者向けのみ
ならず，消費者向けにもおこなわれている。

　3）特別出荷

　流通業者の仕入れ促進を目的とし，出荷条件を一時的に向上させる手法であ
る。例えば，10ケースの注文に対して9ケース分の価格で提供したり，10ケー
スの注文に対して11ケースを提供したりするという方法がある。

　4）販売助成

　メーカーが小売店における自社製品の販売活動を援助するための活動であ
る。POP広告材料，陳列用具などの販売促進ツールの提供などが含まれる。

3．ソーシャルメディアやアプリの活用

　スマートフォンの普及に伴い，ソーシャルメディアやアプリは重要なプロ
モーションツールとなっている。

　インフルエンサーと呼ばれる多数のフォロワーを持つSNSユーザーは，同
じような趣味嗜好を持った消費者とのネットワークを有している。このネット
ワークを活用するために，企業はインフルエンサーにサンプルを提供したり，
自社がおこなうイベントに招待したりするなどして，自社商品情報がインフル
エンサーを経由してSNS上で拡散する対策を実施している。

　またSNSで情報が拡散するためには多くの消費者の「共感」を得ることが

92

重要である。そのために自社サイトでは独自のキャラクターを作って消費者に語りかけたり，ストーリー性のある写真や投稿を用いたプロモーションをおこなったりと様々な工夫がおこなわれている。

　さらに SNS を活用することで，消費者に対するプロモーションの告知，クーポンの発行，情報の拡散などを実施することも可能である。クーポンを発行する際にも，SNS の画面を店頭で見せることで割引になるものを事前に配布することで，来店率の向上につなげることもできる。クーポンの発行条件として，消費者の LINE に小売店の LINE アカウントを登録することとして，その後も継続的に消費者とコンタクトすることが出来るようになる。

　また割引クーポンを発行するスマートフォンのアプリも増えているため，これらを活用することで消費者との接触頻度を高めることが可能となる。

【注】
1 ）Return On Advertising Spend（ROAS）と呼び，売上高÷広告費用× 100 で算出する。

参考文献

　青木幸弘・新倉貴士・佐々木荘太郎・松下光司「消費者行動論」（有斐閣アルマ，2013）
　石井淳蔵・栗木契・嶋口充輝・余田拓郎「ゼミナールマーケティング入門第 2 版」（日本経済出版社，2013）
　一般社団法人　日本プロモーショナル・マーケティング協会編集「プロモーショナルマーケティングベーシック」（宣伝会議，2019）
　守口剛「デジタルで変わるセールスプロモーション基礎」（宣伝会議，2017）
　渡辺隆之・守口剛「セールス・プロモーションの実際」（日経文庫，2011）

第7章　競争環境の分析

> **キーワード**
> 業界分析, 完全競争, 寡占, 独占, 5フォース分析, 参入障壁, 撤退障壁,
> 移動障壁

　利益率の高い業界がある一方で, 儲からない業界があるのは何故でしょう
か。なぜ会社は競争するのでしょうか。差別化戦略やコスト・リーダーシップ
戦略など, 会社が戦略を立てて実行する目的はどこにあるのでしょうか。「当
たり前のことすぎて, 何故？なんて考えたこともなかった」と思うかもしれま
せん。しかし, この「何故」を理解すると, そこから新しいビジネスのアイデ
アが生まれてきます。ここではポーターの競争戦略論を中心に, これらの問題
について考えていきます。

1. 儲かる業界と儲からない業界の違い

　多くの企業が好業績をあげている業界がある一方で, 一部の企業しか利益を
出せない業界や, 業界内の全ての企業が低迷している業界もある。業界間でこ
のような差が生じてしまうのはなぜだろうか。

　それは業界内の構造が, その業界に属する企業の利益に大きな影響を与えて
いるからである。

　業界の構造がビジネスに与える影響を理解するために, 買い物に来る人々と
自分達で作ったものを売っている人々で大いににぎわっている農産物市場を想
像してもらいたい。そこでは多くの農場主がオレンジを売っているとしよう。
どの農場主もオレンジの価格を引き上げたいと思っている。しかしある農場主

が価格を上げたら，隣でオレンジを売っている農場主に客を奪われてしまう。したがって，市場で売られているオレンジは同じ価格になる。もしある農場主が，他の農場主よりも1つでも多くのオレンジを売りたいと考えたら，彼は自分が販売しているオレンジの価格を下げるかもしれない。すると，やはり隣でオレンジを売っている農場主は客を奪われてしまうことを避けるため，同じように価格を引き下げるだろう。そうすると先ほどの1つでも多く売りたい農場主は，又価格を下げなければならなくなる。これを繰り返していくうちに，全ての農場主は利益が殆どでないところまで価格を下げざるを得なくなり，市場で売られているオレンジはほぼ同じ価格になっていく。

　経済学ではこのような状況を「完全競争」という。完全競争が成立する状態とは，

① 市場に無数の小さな企業がいて，どの企業も市場価格に影響を与えられない。

② 企業はその市場に自由に参入でき，また自由に撤退することができる。

③ 企業の提供する製品・サービスは同業他社と同質で差別化されていない。

④ 製品・サービスを作るために必要な経営資源は全ての企業が自由に調達できる。

⑤ 企業が提供する製品・サービスの完全な情報を，全ての企業・顧客が持っている。

である。

　このような状況では，先に述べた市場でオレンジを売っている農場主のように，企業の超過利潤はゼロになる。これは，企業は存続するだけで精一杯で儲けは全くない，という状況である。そうなる理由は，無数の企業が同じような製品・サービスを提供しているので，少しでも値段を上げればその製品・サービスは全く売れなくなるからである。したがって，企業は自社が潰れないギリギリの価格で提供せざるを得なくなってしまう。

　普段私たちが目にするところでは，洋服のクリーニング業界などは完全競争に近い状態である。どこの店舗もほぼ同じサービスで同価格帯である。差別化

は殆ど進んでいない。

　完全競争の対極にあるのは完全独占である。つまり業界に企業が1社しか存在しないという状態である。独占企業は価格，生産量とも自分でコントロールできるので，価格戦略に基づいて超過利潤が最大になる価格と生産量を設定するだろう。価格を上げすぎても売れなくなるし，生産量を増やしすぎると価格を下げて大量に売らなければならなくなるだろうから，価格と生産量の組み合せでもっとも超過利潤が大きくなるところに価格を設定するのである。

　完全競争と完全独占はあくまでも理論的な仮想状況であるが，現実の業界は完全競争と完全独占の間にある。完全独占に近い業界の方が企業の利益が増える，いわゆる儲かる業界となる。そのような業界は少数の企業に売り上げが集中している。これを「寡占」という。

　例えば大手企業2～3社で市場シェアを分け合っている業界があるとする。このような業界で，1社が利益を独占しようと自社の製品やサービスの価格を引き下げたら，残りの企業も価格の引き下げをおこなうだろう。その結果，企業から見た業界全体の利益は減少してしまうこととなる。したがってこのような業界では価格競争は起こりにくい。つまり寡占状態の業界内の企業は「儲かる」のである。

　以上のことから企業は，自分達の業界を「寡占・独占」に近い状態にしようと考える。「寡占・独占」状態を作り出すためには，その業界に参入する企業の数を減らせばよい。そこでその業界に参入する際の「障壁」（参入障壁）を高めて新規参入企業を排除したり，他企業が自分達の競争グループに入ってこないようにするため，自社が属する競争グループの特性を，なるべく他の競争グループと似たものにならないようにしたりする（差別化）のである[1]。

　このように業界構造がその業界に属する企業の行動に大きな影響を与え，その結果その業界が儲かる業界になるのか，儲からない厳しい業界になるのかが決まるのである。

2. 業界構造分析

　業界構造を分析し，その業界の収益性が高いか低いかを把握することは，その業界への参入の可否や競争戦略の方向性を考える上で不可欠である。外部から参入しやすい業界は無数の競争業者が業界内に入ってきてしまい，完全競争状態になりやすい。反対に外部から参入しにくい業界は，競争相手が少数となり寡占状態を作り出しやすい。

　ポーター（1985）は，どのような業界が完全競争状態になりやすいのかを5つの要因で整理した。5つの要因が強い業界は完全競争状態に近づくため収益性が低く，弱いほど「独占・寡占」状態に近づくので収益性が高くなる。

　図表7−1に示す「新規参入業者の参入」，「代替品の脅威」，「買い手の交渉力」，「売り手（供給業者）の競争力」，「現在の競争業者間の敵対関係」という5つの要因が業界の収益性を決めるものであり，これを競争要因と呼ぶ。以下，5つの競争要因それぞれについて説明する。

図表7−1　業界の収益性を決める5つの競争要因

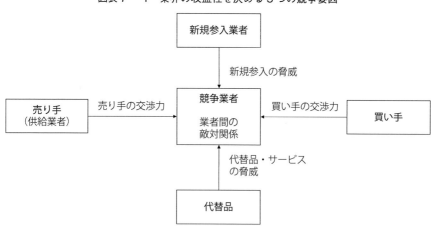

出所：ポーター（1985）。

① 新規参入業者の脅威

　新規参入業者が多い業界は完全競争状態に近づきやすいため，競争が激化しやすく，収益性も低くなりやすい。逆に新規参入業者が少ない業界は寡占状態を作り出しやすくなり，競争環境も安定し収益性も高くなる。その業界に参入しやすいかどうかは，参入障壁の高さによって決まる。

　参入障壁が高くなると新規参入は難しくなる。参入障壁が高くなる原因は，莫大な初期投資が必要であること，特許や独自技術の必要性が高いこと，流通チャネルが閉鎖的であること，原材料の調達が困難であること，政府の規制が強く働いていること，などである。

　例えば自動車メーカーの業界には，膨大な投資をして工場を建てなければ参入できないし，既存の自動車メーカーの製品に対抗できる新製品を作るには新製品開発に要する膨大な費用と時間が必要である。販売チャネルも構築しなければならないし，優秀な人材も多数採用しなければならない。このように自動車メーカーの業界に参入するためには，乗り越えなければならない障壁が多数存在するので，新規参入業者が殆ど存在しないのである。

図表7−2　新規参入業者の脅威に関わる分析項目

【コスト関連要因】
・規模の経済性が強く作用する
・規模に関係のないコスト面での不利（経験効果）
【コスト以外の要因】
・大規模な運転資金が必要である
・流通チャネルへのアクセスが困難である
・製品差別化の程度が高い
・政府の政策や法律で保護・規制されている
【競合他社との関係】
・以前に強力な反撃を受けたことがある
・既存企業の経営資源が豊富である
・産業の成長率が低い

出所：網倉・新宅（2011）に基づき筆者作成。

98

② 買い手の交渉力

　買い手が強い交渉力を発揮する業界は，販売価格の低下につながりやすく，収益性が低下しやすくなる。

　逆に売り手側の製品・サービスが差別化されていたり，他の販売先を探したり他の製品を使ったりすることが難しく，製品・サービスの切り替えに伴うコスト（スイッチングコスト）が高いことなどは，買い手の交渉力を弱める効果があり，売り手の収益性確保につながる。

　また買い手にとって，売り手から購入している製品・サービスのコストが低い場合や，売り手から購入している製品・サービスが買い手にとって大きな経済的メリットの源泉になっているような場合は，売り手に対して交渉しようとする買い手の意欲を下げる働きもある。

　例えば，有名ブランド品は売り手側の製品が差別化されているため，買い手は高い価格でも購入する。またIT業界ではインテルが「インテル，入ってる」というプロモーションで自社のマイクロプロセッサーを差別化することに成功したため，インテルはパソコンメーカーに対して強い立場で取引をすることができた。マイクロソフト社のウィンドウズの市場シェアが高いのも，ユーザーが他のOSを使っているパソコンに移行するためには，ウィンドウズで作った

図表7－3　買い手の交渉力に関わる分析項目

【買い手のパワーを弱める要因】
・買い手グループの集中度が低い，買い手の購入量が売り手の売上高に占める割合が小さい
・売り手の製品が標準化されておらず，差別化されている
・買い手にとってスイッチングコストがかかる
・買い手が後方統合できない
・買い手である卸売業者や小売店が最終ユーザーの意思決定を左右できない
【買い手の価格センシティビティを低める要因】
・売り手の製品の価格が買い手の製品のコストに占める割合が小さい
・買い手の利益水準が高い
・売り手が供給する製品が買い手の製品の品質に大きな差をもたらす

出所：網倉・新宅（2011）に基づき筆者作成。

資料やデータを全て他の OS でも動くように変換しなければならないなどの手間がかかるので，これが高いスイッチングコストになっているからである。

③　代替品の脅威

　自社製品・サービスの代替品が存在する場合，それは自社にとって大きな脅威となる。何を代替品とみなすかは，消費者の目的によって決まる。手軽に写真を撮って楽しむという目的は，スマートフォンをデジタルカメラの代替品と位置づけた。また車を移動手段であると捉えることで，レンタカーが自家用車の代替品となった。

　このように代替品の脅威を分析する際には，消費者の目的・ニーズの視点を踏まえて自社製品・サービスに対して直接的・間接的に代替品となりうるものを想定しておく必要がある。以下は代替品の脅威に関わる分析項目の例である。代替品と考えられるものの数が多いケース，代替品のコスト／パフォーマンス比の進歩状況が早いケース，代替品の業界の利益水準が高い場合には，代替品の脅威が高まる傾向がある。

　代替品の脅威を引き下げるためには，自分達の製品・サービスの付加価値を高めたり，ブランド力を強化したりする必要がある。例えば，ラグジュアリー品と呼ばれる高級ブランド品は，顧客にとってはそのブランドの製品を所有することが歓びになっているので，機能が同じ鞄だからといって，他のブランド品や製品が代替品になることはない。市場におけるポジショニングを強く，明確にすることで代替品との違いをアピールすることが重要である。

図表 7 － 4　代替品の脅威に関わる分析項目

・代替品と考えられるものの数，種類が多いか少ないか
・代替品のコスト／パフォーマンス比の進歩状況が早いか遅いか
・代替品の業界の利益水準が高いか低いか

出所：網倉・新宅（2011）に基づき筆者作成。

④　売り手の交渉力

　売り手の交渉力とは，自社に対して原材料やサービスを供給している企業などの交渉力のことである。売り手の交渉力が強くなると，自社の製品・サービスの原価が高くなり，業界の収益性が低下しやすい。

　売り手の交渉力を弱めるためには，売り手が提供している製品・サービスの特徴を打ち消してしまうことを考えなければならない。例えば，家電製品メーカーが下請会社に部品を発注する際に，下請会社のノウハウが詰まっているような付加価値の高いものを発注してしまうと，他の会社から同等部品を調達することができなくなってしまうので，売り手である下請会社の交渉力は強くなる。

　そこで下請会社に部品を発注する際にも，あらかじめ単純な部品の組み合せで出来るように設計して製造を委託する，下請会社からは部品のみを購入して最終組み立ては自社でおこなうようにする，付加価値の高いノウハウ部分を自社内に取り込んでおくことができるようにする，といった対策が必要となる。

　また売り手に対する自社の価格交渉力を高めるために，自社内で使用する部品の共通化を進めて，発注量を増やすことも有効である。

図表 7 − 5　売り手の交渉力に関わる分析項目

【売り手のパワーを弱める要因】
・買い手グループの集中度が高い，買い手の販売量が売り手の売上高に占める割合が大きい
・売り手の製品が標準品で，差別化されていない
・買い手にとってスイッチングコストがかからない
・買い手が後方統合できている
・買い手である卸売業者や小売店が最終ユーザーの意思決定を左右する
【買い手の価格センシティビティを高める要因】
・売り手の製品の価格が買い手の製品のコストに占める割合が大きい
・買い手の利益水準が低い
・売り手が供給する製品が買い手の製品の品質に大きな影響を持たない

出所：網倉・新宅（2011）に基づき筆者作成。

⑤　競争業者の状況

　業界内の競争状況を分析するために，競合他社分析をおこなう際に注目するのは，競争相手の状況と業界の特性である。

　業界内における競争は，市場の規模や成長率に大きな影響を受ける。しかし市場の規模が大きく成長率が高い業界の収益性が高いとは限らない。市場の規模が大きく成長率が高い業界であっても，多数の企業が参入して厳しい競争環境にある場合には完全競争市場のようになり，各企業の収益性は低くなる。逆に市場の規模が小さくても，企業数が少ない寡占的競争市場であれば，収益率は高くなる。

　その業界内の企業の数が少ない場合，又は企業の数が多くても規模の格差が大きく，規模の大きい数社で大部分の市場を占有している場合，競争環境は緩やかなものになる。逆に多数の同じような規模の企業がシェア獲得競争をおこなっている産業は，他社に対して規模の経済性を発揮することも難しくなるため，コストを下げることが難しく収益性も低下しやすい。多数の企業が横並びで競争している産業では，原材料の調達においては類似した材料を同じような量で発注する企業が増えるため，売り手に対する交渉力は低下する。

　撤退障壁が高い業界は，収益性が低下してもその産業に残りビジネスを継続する企業が多いため，競争環境が厳しくなる。撤退障壁が高い業界の例としては，参入の際に多大な設備投資が必要な産業，設備や技術を他の産業に転用で

図表7－6　競争業者の状況に関わる分析項目

・競争業者の数が少ない，または規模とパワーに差がある
・業界の成長率が高い
・固定費が小さい，または在庫費用が小さい
・製品が差別化できる，またはスイッチングコストがかかる
・生産能力の拡大が小刻みにできる
・多様なバックグラウンドを持つ競争相手がいない
・戦略的な価値の低い業界である
・退出障壁が低い

出所：新倉・新宅（2011）に基づき筆者作成。

きない産業などである。

　差別化の程度が進んでいない産業では，産業内の企業数が増えると競争による価格低下が起こりやすいため，競争環境も厳しいものとなり産業の収益性は低下しやすい。製品・サービスが差別化されている場合には，産業内の企業数が増えてもターゲットとなる顧客がそれぞれ異なるため，価格競争がおこったとしても限定的になる。

　これらの視点を踏まえて，業界内の競争業者がおかれている状況を分析することで，今後の競争環境の変化の方向性と，それを踏まえた自社がとるべき戦略のオプションについて検討することができる。

3．戦略グループ分析

　これまで業界構造から業界の収益性を考えてきたが，実はそれだけでは企業の収益性を説明するのは不十分である。業界内には様々な戦略を採用している企業が存在する。この企業の中にも，製品ラインアップ，対象とする顧客，進出している地域，費用構造などで似ている企業と似ていない企業があり，似ている企業同士が競争を繰り広げているのである。

　このように，戦略が似ている企業同士が作っているグループを戦略グループと呼ぶ。戦略グループ単位で競争環境を分析することで，「独占・寡占状態」に近づけるために何をすべきかを考えることができる。

（1）戦略グループ・マップ

　ポーター（1980）は，2本の軸を用いて業界において重要な戦略の次元を表現する方法で競争業者の戦略の違いを見いだし，戦略グループを捉える方法を説明している。例えば，製品の種類が多いか少ないか，垂直統合の度合いが高いか低いかを組み合わせることにより，業界の戦略グループ・マップを作ることができる。

　図表7−7の円の大きさの違いは市場シェアの大きさの違いを表している。

図表7-7　戦略グループ・マップの例

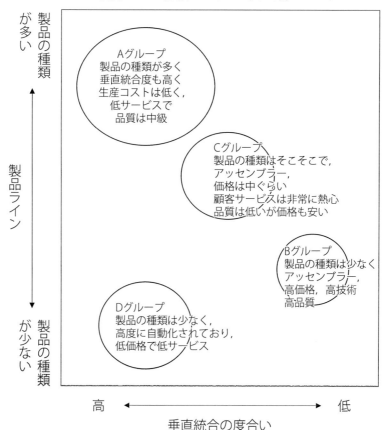

出所：ポーター（1980）。

自社がどの戦略グループに属していて，同じ戦略グループの競争業者が誰なのか，また最も収益性が高い戦略グループはどこなのかを分析することで，産業の内部構造を理解することができる。

　例えば，アパレル業界を戦略グループで分析してみると，高価格でオーダーメイドが中心のラグジュアリーグループ，フォーマルウェアから普段着まで幅広い品揃えと幅広い価格帯で多くの顧客を抱えている総合衣料グループ，SPA

と呼ばれる製造小売り方式で流行に敏感な若者をターゲットとしたファッションセンスの高い洋服を取り扱うファストファッショングループ，同じくSPA方式を採用しつつ流行に左右されないオーソドックスな洋服を取り扱い規模の経済性を発揮してコスト・リーダーシップ戦略を追求する別のファストファッショングループなど，それぞれの戦略の違いが明らかになる。各アパレル企業はこれら戦略グループのいずれかに所属しており，その戦略グループ内での同業他社との競争に直面していることがわかる。

（2）戦略グループと移動障壁

　同じ産業であっても戦略グループが異なる場合，戦略グループごとに参入障壁の高さが違うことになる。またこの戦略グループごとの参入障壁は，業界内の企業が1つの戦略グループから別のグループへ移動するのを妨げることにもなる。これを移動障壁という。

　移動障壁が生じてしまう理由としては，その戦略グループに属している企業の経営資源が別の戦略グループでは有効に機能しないからである。先の事例で述べたアパレル業界でいえば，ファストファッション業界にラグジュアリーブランドが参入しないのは，ラグジュアリーブランドが所有している経営資源はデザイン性の高い洋服を少量作ることに特化しているからである。

　ファストファッション業界へ参入するためには，大量の生地を確保するための上流工程への関与，大量生産のための生産体制，販売拠点の確保など莫大な投資と運営ノウハウが必要である。ラグジュアリーブランドの会社は，これらに必要な経営資源を保有していない。

　逆にファストファッション業界がラグジュアリーブランドに参入しないのは，デザイナーの確保や高いブランド力の獲得など，新たな経営資源の獲得が移動障壁になっているからである。

　これら移動障壁の高さの違いが，産業内における戦略グループごとの収益性を左右する。移動障壁が高いとその戦略グループへの新規参入の脅威は低下するため，「独占・寡占状態」を維持しやすく，競争環境は穏やかなものとなり

収益性も高くなりやすい。また移動障壁が他社による模倣も防ぐため，差別化が持続することにもなる。

　移動障壁の高さは参入障壁と同じように外部環境の変化によって変わってくる。また戦略グループ内の企業が実行する戦略によっても変化する。例えば，ある企業がブランド化を強化するために莫大な投資をおこなって新しい戦略グループを創り出し，それにより高い移動障壁を築くこともある。また規模の経済性を高めるための大規模投資によって新たな戦略グループを作ることもできる。

【注】
1 ）　入山（2020）p.46。

参考文献

　網倉久永・新宅純二郎「経営戦略入門」（日本経済新聞社，2011）
　岸川善光「経営戦略要論」（同文館出版，2011）
　土岐坤・中辻萬治・小野寺武夫訳「競争優位の戦略」（ダイヤモンド社，1985）［原典：Competitive Advantage, Michael E. Porter, 1985］
　土岐坤・中辻萬治・小野寺武夫訳「競争の戦略」（ダイヤモンド社，2005）［原典：Competitive Strategy, Michael E. Porter, 1980］

第8章　コスト・リーダーシップ戦略

> **キーワード**
> 競争戦略，コスト・リーダーシップ戦略，規模の経済性，範囲の経済性，経験効果

　コスト・リーダーシップ戦略は，「低価格で売る戦略」ではありません。競合他社よりも「低コスト」を実現するための戦略です。他社よりも低コストを実現するためには，様々な「仕掛け」が必要になります。規模の経済，範囲の経済，経験効果，効率，標準化など，様々なキーワードが出てきます。低コストを実現するために実施すべきことは何か，を一つ一つ見ていきましょう。

1．戦略とは何か

（1）経営戦略とは何か

　「戦略（Strategy）」の語源は，ギリシャ語で軍隊を統率する，という意味の軍事用語である。この概念を経営学の分野に持ち込んだのは，1960年代のチャンドラー（Chandler, A. D. Jr.）である。

　チャンドラー（1962）は，経営戦略を「企業の基本的な長期目標や目的を設定し，これらの諸目標を遂行するために必要な行動のコースを選択し，諸資源を割り当てること」と定義した。つまり企業経営における戦略とは，「刻々と変化する外部環境に対して，会社の長期的な目標や目的を達成するために，自社の経営資源を使った活動をどのように適合させていくか」ということである。戦略を考える際には，会社全体を対象として捉える企業戦略と，会社が営む事業を対象とした事業戦略という視点で考える必要がある。

（2）競争戦略とは何か

　「刻々と変化する外部環境」のうち，企業にとっては市場環境の変化が最も重要である。市場では，多くの企業が顧客に自社の製品・サービスを選んで購入してもらうべく競争している。この競争に勝たなければ，企業は自社を維持・発展させるために必要な利益を得ることができず，存続すら危うくなってしまう。

　そこで企業は競合他社との競争に勝つための計画，すなわち競争戦略を立案し実行する。ポーター（Porter, Michael E., 1985）は，「競争戦略とは，競争の発生する基本的な場所である業界において，有利な競争的地位を探すことである。」と述べた。企業は，自社が所属する業界において，競合他社よりも競争優位に立つ方法，つまり「完全競争」に近い状態から脱却し，「独占・寡占状態に近い位置に立つ方法」を考え実行するのである。

　競争優位を作りだすためには「他社との違い」を打ち出さなければならない。そのためには，「他社より低いコスト」を実現するか，製品・サービスで競合他社と「差別化」するか，である。他社より低いコストを実現することができれば価格競争でも優位に立つことができ，また同じ価格であれば製品・サービ

図表8－1　3つの基本戦略

競争優位

		他社より低いコスト	差別化
戦略ターゲットの幅	広いターゲット	1．コスト・リーダーシップ	2．差別化
	狭いターゲット	3A．コスト集中	3B．差別化集中

出所：ポーター（1985）。

ス単位当たりの利益を増やすことができる。これをコスト・リーダーシップ戦略という。別の方法としては，他社が顧客に提供していない価値を創り出し市場に提供することである。これを差別化戦略という。また自社の規模が小さい場合など経営資源に限界がある場合には，市場全体を大きく捉えるのではなく，特定の狭い市場に集中することで他社との競争優位を作ることも有効である。これを集中戦略という。

　本章ではまず，コスト・リーダーシップ戦略について述べる。

2．コスト・リーダーシップ戦略

（1）コスト・リーダーシップ戦略とは

　コスト・リーダーシップ戦略とは，競合他社と比較して低いコストを実現することにより，競争優位を築く戦略である。競合他社よりも低コストを実現することができれば，商品単位当たりの利益を増やすことができる。これにより，競合他社より低価格で販売しても必要な利益を確保することが可能となる。

　コスト・リーダーシップ戦略を実現するためには，製品・サービスの1単位当たりのコストを下げる必要がある。そのために有効な方法は，規模の経済性，経験曲線効果，範囲の経済性である。

① 規模の経済性

　規模の経済性とは，生産規模が大きくなることで商品単位当たりのコストが下がり，利益が増えるということである。その理由は以下の通りである。

　1）規模が大きくなり，一度に大量に作ることができると，効率が上がり，製造コストが下がる。

　2）規模が大きくなり，大量に作ることができるようになると，一度に大量の原材料を仕入れることができる。これにより仕入れ先への交渉力が高まり，仕入れコストを下げることができ，製造コストが下がる。

　規模の経済性を実現するために有効な手段は，標準化と機械化である。生産

図表8－2　規模の経済性

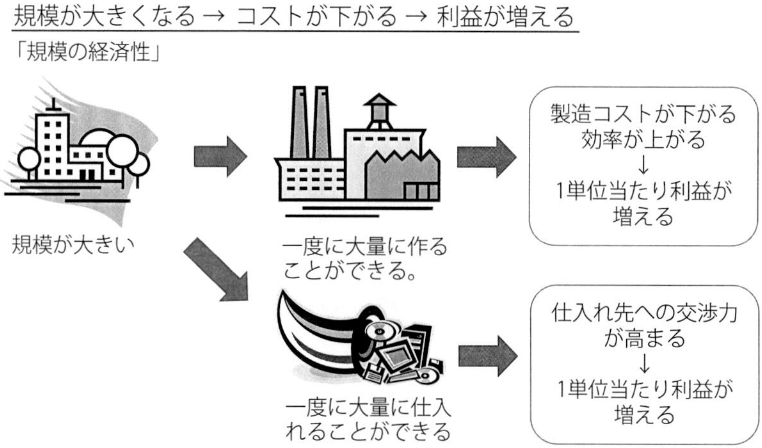

規模が大きくなる → コストが下がる → 利益が増える
「規模の経済性」

規模が大きい

一度に大量に作る
ことができる。

一度に大量に仕入
れることができる

製造コストが下がる
効率が上がる
↓
1単位当たり利益が
増える

仕入れ先への交渉力
が高まる
↓
1単位当たり利益が
増える

出所：筆者作成。

性が高まることによって，規模の経済性はその効果を発揮する。生産性を高めることにより時間当たりの生産量が増え，大量生産を実現することができる。

また生産性を高めることができれば，製品・サービス1単位当たりに配賦される間接経費を減らすことができる[1]。その結果，製品・サービス1単位当たりのコストを下げることができる。

生産性を高めるために有効な手段は，同じものを，同じ方法で作ることである。同じものを同じ方法で作り続ければ習熟度も上がり，段取り替え[2]などの作業も減らすことができて作業効率は高まり生産性が上がる。さらに生産プロセスを標準化することができれば機械化が可能となる。機械化により人件費を減らすことができ，連続作業も可能となるため生産性を高めることができる。

② 経験曲線効果

経験曲線効果とは，累積生産量が増えるにしたがってコストが低下することである。その理由は，累積生産量が増えれば作業員の習熟度が高まったり，作業効率を上げるための工夫がおこなわれたり，機械化が進んだりするからであ

図表8－3　経験曲線効果

生産量が増える → コストが下がる → 利益が増える

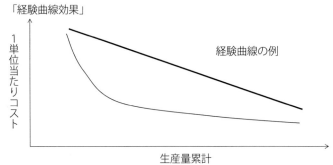

コストが下がる理由：　労働者の能率アップ，作業の専門化・方法の改善，新しい生産工程の導入，生産設備の能力向上，活用資源の組み合わせの変更，製品の標準化，製品設計の変更

出所：筆者作成。

る。図表8－3は経験曲線効果を表したグラフである。このように経験曲線効果は右肩下がりの直線または曲線となり，その傾きは商品の違いや標準化・機械化の度合いによって異なる。

　経験曲線効果が競争優位につながる理由は，経験曲線効果は生産量の累計が増えることによって生じるため，時間がかかるということである。したがって，同じ製品・サービスであれば，先に供給を始めた会社が有利になりやすい。これを先行者利得という。したがって，いち早く市場に参入した企業は早く市場シェアを高めることにより競合他社よりも早く生産量累計を増やして，経験曲線効果を使って製品・サービス1単位当たりのコストを下げることを目指すのである。

　また第3章で製品ポートフォリオマネジメント（PPM）について述べたが，「金のなる木」がキャッシュを生む理由も経験曲線効果で説明できる。製品・サービスが成熟期を迎えるころには生産量累計も増加している。そのため，成熟期になると販売価格も低下し始めるが，すでに経験曲線効果により製品・サービス1単位当たりのコストも下がっているので，「金のなる木」はキャッシュを創出することができるのである。

③　範囲の経済性

　範囲の経済性とは，共有できるものを増やすことにより単位当たりのコストが下がることである。規模の経済性の実現と同時に生産設備や運搬設備を複数の製品・サービス間等で共有化できれば，投資金額そのものを減らすことも可能となり，原価計算において間接費の配賦先となる製品・サービスを増やすことができる。これにより製品・サービス単位当たりに付加される間接費を減らすことができ，製品・サービス1単位当たりのコストを下げることができる。

　範囲の経済性を実現するためには，生産設備の共有化を進めること，商品を設計する際になるべく共通部品を活用すること，物流システムを共有化することなど，複数の製品・サービス間で共通化できる部分を増やしておくことが有効である。

　範囲の経済性を実現することは，結果的に規模の経済性の実現にもつながっている。例えば生産設備の共有化を進めることで設備そのものを大型化することができる。共通部品を増やすことができれば，バラバラの部品を使うよりも部品の種類を減らして，1つ1つの部品の発注量を増やすことも可能となる。

図表8－4　範囲の経済性

共有できるものが増える→　コストが下がる→　利益が増える

「範囲の経済性」

大きな会社

| 倉庫：1か所1億円／年×3か所
＝3億円／年 | 売上げ：1億個／年 |

1個当たりの倉庫費用＝3円←共有できるものが増える

小さな会社

| 倉庫：1か所1億円／年×1か所
＝1億円／年 | 売上げ：0.25億個／年 |

1個当たりの倉庫費用＝4円←共有できるものが少ない

主に，「固定費」（売上げに関係なくかかる費用）を共有化することにより，結果的に製品・サービス1単位当たりのコストが下がることを「範囲の経済性」という。

出所：筆者作成。

（2）業務改革

コスト・リーダーシップ戦略を実現する手法として，業務改革について述べる。企業の活動は，間接的活動と直接的活動の大きく２つに分けることが出来る（Porter, 1985）。間接的活動とは人材管理，財務会計，総務，経営企画など企業の運営を支えている業務である。直接的活動とは，設計，購買・調達，製造，営業・販売，サービスなど企業が市場に提供している価値の創出に直接かかわる業務である。

コスト・リーダーシップ戦略を実現するためには，これら企業の活動の効率（業務効率）を上げる必要がある。仕事の効率は以下の算式で表すことができる。

仕事の効率＝仕事の成果（アウトプット）÷経営資源の投入量（インプット）

したがって仕事の効率を上げるためには，①アウトプットを変えずにインプットを減らす，②インプットは増やさずにアウトプットを増やす，という方法が考えられる。

①アウトプットを変えずにインプットを減らすためには，先述の業務の標準化が有効である。業務の細分化，業務分担などをおこない，業務のマニュアル化や標準化，機械化を推進する。業務をシンプルにすることで従業員の訓練にかかる期間と費用を削減することができ，特殊技能を持っていなくてもその仕事に従事できるようにすることで人件費を抑えることもできる。

一方の②インプットを増やさずにアウトプットを増やすためには，Value Engineering（VE）の考え方を用いて業務の見直しをおこなう必要がある。VEとは，「最適のライフサイクル・コストで，必要な機能を確実に達成するために，製品やサービスの機能的研究に注ぐ組織的努力」である（土屋，2003）。

業務のマニュアル化や標準化，機械化では，業務のやり方そのものを変える。しかしVEによる業務の見直しでは，業務の目的から考えて「この業務は本当に必要なのか」というところから再検討をする。業務そのものを目的から見直して，価値を生み出さない業務は止めてしまう，業務のやり方そのものを再設計する。そして，これらによって生じた余剰時間や余剰人員を，より高い付加

価値を生み出す業務にあてる。これによって会社全体のインプットを増やさずに，会社が生み出すアウトプットを高めるのである。

　会社の業務の中には，慣例的におこなわれていて見直しをしていないものが多々ある。それら業務の中には，ムリ・ムダ・ムラを引き起こしているもの，仕事の手段そのものが業務の目的となってしまっているものなどが存在する。例えば，会議の議事録の目的が会議内容の共有化と記録の保持であれば，何時間もかけて見映えの良い議事録を作成することに意味はあるだろうか。営業活動で使った交通費の精算をするのであれば，営業日報の中に交通費の記載欄を作る事で，わざわざ営業日報と別の交通費精算書類を作成して提出する手間を省くことができるはずである。

　このように業務改革では，業務の目的から考えて仕事の中のムリ・ムダ・ムラを排除することでインプット（時間，人員）を削減し，これによって生じた余剰なインプットを，顧客のサービスの充実や新製品の開発業務など，市場が評価する価値創出に当て，仕事の効率を高めてコスト削減を実現する。

3．コスト・リーダーシップ戦略の事例

（1）トヨタ自動車のコスト・リーダーシップ戦略

　コスト・リーダーシップ戦略では，規模を大きくすること，効率を高めることが要件となっている。したがってコスト・リーダーシップ戦略を有効に活用できるのは，市場シェアNo.1の業界リーダーである。

　コスト・リーダーシップ戦略をとる業界リーダーが競争優位を維持するためには，新規ユーザーを増やして市場規模を拡大すること，競合他社の製品・サービスと似たような製品・サービスを市場に提供して同質化を図ることが有効な手段である。市場規模が拡大すれば規模の経済性が働きやすくなり，競合他社製品と同質化できれば価格競争に持ち込みやすくなる。価格競争に持ち込むことができれば，規模で優位に立つ業界リーダーが有利となりやすい。

　コスト・リーダーシップ戦略をとっている企業として，トヨタ自動車をあげ

ることができる。トヨタ自動車は世界中に生産拠点を持って自動車の部品を生産しているが、それぞれの工場で生産部品や車種を絞り込み大量生産をおこない、規模の経済性と経験曲線効果を発揮している。トヨタ自動車は様々な車種を製造販売しているが、それぞれの車種に使われている車台（プラットフォーム）や部品は共通化されている。これにより範囲の経済性も実現している。また生産現場においても、生産工程の標準化やQCサークルによる「カイゼン活動」を通じて業務改革を徹底し、社員のスキルアップとともに様々な工夫を通じて、常に生産効率の向上を目指している。他社に先駆けてハイブリッド車を開発して新たな市場を開拓し、富裕層向けのレクサスから大衆車、商用車まで幅広い品揃えによって、市場全体を隙間なくカバーしている。

このようにコスト・リーダーシップ戦略は、業界リーダーの企業が自社の競争優位を安定的なものとするために採用するケースが一般的である。これに対して業界リーダーに対抗する企業は、業界リーダーの強みである規模の経済性を脅かすために、差別化戦略を採用するのである。

（2）経験曲線効果を先取りした価格設定をおこなった松下電器の事例

価格を用いた競争戦略の具体的な例として、経験曲線効果を先取りして低価格を設定し、市場シェアを獲得した方法を紹介する。

経験曲線効果とは累積生産量が増加するとコストが下がることをいう。経験曲線効果を利用して低価格を設定して市場シェアを拡大した事例として、松下電器産業（現パナソニック）のDVDレコーダーのシェア獲得戦略がある[3]。

1999年にパイオニアが初めて録画機能付きのDVDレコーダーを市場に投入した。この時の店頭販売価格が約20万円であった。2000年に入ると松下電器産業、ソニー、東芝が相次いでDVDレコーダー市場に参入したが、いずれも希望小売価格は25万円前後と高価なものであった。

この状況に対して松下電器産業は、希望小売価格が13万5,000円と他社の半額程度の機種を販売し、さらに2002年には希望小売価格が9万3,000円の機種を市場に投入した。この結果、松下電器産業は2003年でDVDレコーダー

のシェア 45.4％を獲得したのである。

　なぜ松下電器産業はこのような低価格戦略を実行したのか。松下電器産業は2000 年当時 VHS ビデオデッキでトップシェアを維持していた。その松下電器産業にとって，DVD レコーダーは VHS ビデオに対する破壊的イノベーションである。そのため，このままでは競争のルールが大幅に変わってしまい，その結果 VHS ビデオデッキで構築したトップシェアという市場地位を DVD レコーダーでは失う可能性があった。

　そこで松下電器産業が考えたのは，他社が追随できない市場価格で販売することで，自社の DVD レコーダーの累積販売台数を一気に増やしてしまうという方法である。これにより，累積販売台数増加による経験曲線効果で単位当たり生産コストが他社に先駆けて低下する。また DVD レコーダーの販売価格が下がれば VHS ビデオデッキとの入れ替え需要を喚起することにもなり，市場成長率を高めることができる。

　経験曲線効果を先取りした低価格で市場シェアを拡大しつつ市場成長率も高

図表 8 － 5　経験曲線効果を用いた低価格戦略

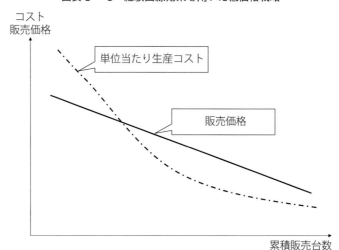

出所：筆者作成。

めることで，DVD レコーダーでもトップシェアを獲得し，その競争優位をゆるぎないものにする，というものであった。

この戦略を図に示すと図表8－5の通りとなる。

市場導入期に経験曲線効果を先取りした販売価格の設定という戦略を成功させるためには，大きな先行投資と規模の経済性が必要となる。したがって，この戦略もリーダー企業がおこなうべき戦略であると考えられる。

【注】
1） 間接経費については，第5章を参照のこと。
2） 製造する製品が変わる際に，一度作業を止めて次の作業に向けて準備をおこなう必要がある。これを段取り替えという。その間は生産ラインが止まるため段取り替えが増えると時間当たりの生産効率は低下する。
3） 伊丹・西野（2004）p.106 ～ p.116。

参考文献

網倉久永・新宅純二郎「経営戦略入門」（日本経済新聞社，2011）

伊丹敬之・西野和美編著「ケースブック経営戦略の論理」（日本経済新聞社，2004）

岸川善光「経営戦略要論」（同文舘出版，2011）

辻谷一美訳「競争戦略の謎を解く」（ダイヤモンド社，2012）［原典：Competition Demystified, Bruce Greenwald and Judd kahn, 2005］

土屋裕監修，産能大学 VE 研究グループ著「新・VE の基本」（産能大学出版部刊，2003）

土岐坤・中辻萬治・小野寺武夫訳「競争優位の戦略」（ダイヤモンド社，1985）［原典：Competitive Advantage, Michael E. Porter, 1985］

土岐坤・中辻萬治・小野寺武夫訳「競争の戦略」（ダイヤモンド社，2005）［原典：Competitive Strategy, Michael E. Porter, 1980］

トヨタ自動車株式会社ホームページ　https://toyota.jp/（2020 年 7 月 31 日閲覧）

第9章 差別化戦略，集中戦略，プラットフォーム・リーダーシップ戦略

> **キーワード**
> 差別化戦略，顧客ニーズ，バリューチェーン，集中戦略，ブランド，プラットフォーム・リーダー，資源ベース理論

　ここでは様々な「違いを打ち出す戦略」を紹介していきます。顧客が価値を感じてくれる「違い」をアピールすることがポイントです。そのためにはマーケティング戦略との連携が必須です。またプラットフォーム・リーダーシップ戦略が成功すると，その企業は長期に渡って安定的な競争優位を作ることができます。マイクロソフト，アマゾン，インテル，グーグル他，といった世界的な企業がその好例です。これらの戦略を成功に導くポイントを理解すると，新規事業を考える際にも良いヒントが得られるでしょう。

1．差別化戦略

（1）差別化戦略とは

　差別化戦略とは，「違いを打ち出す」戦略であり，顧客が高く評価する「価値の違い」を製品・サービスでアピールすることである。これにより，競合他社製品よりも高い価格を設定することができ，競合他社製品と同等の価格であれば数多く販売することができる。

　例えば東京ディズニーランドは他の遊園地に比べて入場料は高いが，多くの
ファンを獲得しており常に大勢のお客様が訪れている。これは東京ディズニー
ランドには他の遊園地では体験できない「コト」が沢山あるからである。また
ラグジュアリーブランド品が高い価格でも数多く売れるのは，ラグジュアリー
ブランド品は他の製品にはない価値を有しているからである。

　しかし単に違いを打ち出せば差別化につながるというものではない。消費者
に他の製品・サービスとの違いを認識してもらうためには，その差別化ポイン
トが消費者のニーズに合致しているものでなければならない。

　消費者のニーズを分類すると以下のように捉えることができる。

図表 9 － 1 　顧客ニーズの分類

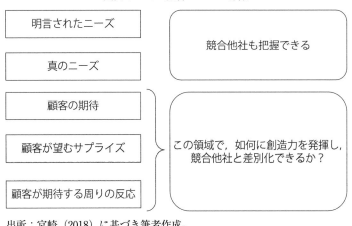

出所：宮崎（2018）に基づき筆者作成。

　明言されたニーズや真のニーズは競合他社も把握できる。そのためこのニー
ズに対応する製品・サービスを作り出しても競合他社からも直ぐに同じような
製品・サービスが出てきてしまうだろう。したがって，明言されたニーズや真
のニーズに対応しているだけでは，差別化を実現することは難しい。そこで企
業が注目すべきは，顧客の期待，顧客が望むサプライズ，顧客が期待する周り
の反応である。この領域でいかに競合他社と差別化できるかが戦略上のポイン

トとなる。

　詳細に顧客ニーズを捉えるためには，市場の階層分け（セグメンテーション）をおこなってターゲットとなる顧客層を絞り込み，その顧客層の心理特性や行動特性，文化的背景を深く研究する必要がある。それらを踏まえてターゲットとなる顧客層について，図表9−1に示すニーズの分類に基づき，想像力を働かせて考え，効果的なマーケティング戦略を立案実行することが，差別化戦略の第一歩となる。

（2）差別化の源泉

　差別化を実現するためのマーケティング戦略を実行するためには，市場ニーズに対応するために必要な自社の強みを強化する必要がある。つまり差別化戦略を成功させるためには，マーケティングのみならず，企業内の様々な部門の活動を調整して市場ニーズに対応することが求められる。

　ポーター（1985）は，企業は図表9−2に示す通り様々な活動をおこない価値を創出しているとし，これを価値連鎖（バリュー・チェーン）と呼んでいる。

　差別化戦略においては，差別化要素を創り出すために必要な活動を強化して，競合他社よりも高い付加価値を創出することを目指す。単に製品やサービ

図表9−2　企業活動の価値連鎖

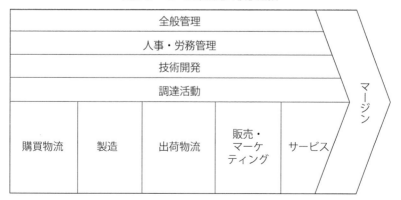

出所：ポーター（1985）に基づき筆者作成。

120

スの差別化を考えるのではなく，その差別化を実現し維持するために強化すべき自社の活動は何か，そのために何が必要なのかを自社のバリュー・チェーン分析を通じて考え実行することが重要である。また競合他社のバリュー・チェーンを分析することにより，自社が対処すべき課題を見つけることもできる。

（3）経営資源から見る差別化戦略の模倣困難性

　差別化戦略の効果を持続するためには，差別化戦略そのものに模倣困難性がなければならない。Barney（2002）は，「戦略効果を持続するためには，その戦略が組織内部に存在する稀少で模倣コストの大きな強みに裏打ちされていなければならない」，と指摘している。つまり，その企業が持っている内部経営資源の量と質によってとるべき戦略は決まる，というのである。これを「資源ベース理論」と呼んでいる。

　資源ベース理論にしたがうと，製品の特長や機能といった差別化のポイントは模倣されやすく差別化の効果は持続しにくいが，他企業との連携，企業内部での機能横断的なリンケージ，タイミング，地理的ロケーション，企業の評判，流通チャネル，サービスやサポートの水準などに基づく差別化は模倣困難性が高い。

　他企業との連携による差別化では，例えば連携先企業が特殊な能力を持っていて連携先が限定されていたり，そもそも提携関係に発展するまでのプロセスや関係性，相互の信頼関係が社会的複雑性を有していたりする場合がある。

　企業内部での機能横断的なリンケージでは，部門間の協力関係を促進する組織文化や組織風土があること，社員同士の公式・非公式のネットワークの存在が必要であり，これらは一朝一夕に構築できるものではない。これはタイミングにも繋がってくる。タイミングは歴史的経緯を経て形成される差別化要素であり，模倣困難性は高い。

　地理的ロケーションも宿泊産業，小売業，飲食業にとっては非常に重要な差別化要素であり，利用者による評価が高いロケーションはそもそも限られてい

るため模倣しにくくなる。

　企業の評判による差別化は最も模倣困難性が高いものである。企業の評判は企業の活動や個性に基づくものであり，時間の経過と実績によって形成されるので，短期間で評判を模倣したり獲得したりすることは不可能である。

　流通チャネルも他企業との連携同様その関係そのものが複雑であり，短期間での模倣は難しい。また自社独自の流通網を作る場合には，資本と時間を投資しなければならないため模倣困難性は高い。

　サービスやサポートは人的サービスであるため長時間の訓練，従業員の高い意識，訓練プログラムの構築と実行，経験やノウハウの蓄積などによる高い模倣困難性が存在する。

　他にも，差別化された製品・サービスを生み出すための組織構造，マネジメント・コントロール，報酬制度の設計，イノベーション・プロセスのマネジメントなど，差別化につながる優位性の源泉となる内部資源が存在する。差別化戦略を実行し模倣困難性を高めるためには，製品やサービスのみならず，企業の内部環境の強化も必要である。

（4）差別化戦略の事例

　差別化戦略の企業事例として，スターバックスコーヒー（以下，スターバックス）をあげることができる。

　スターバックスは1996年8月に東京の銀座に日本1号店をオープンした。スターバックスは単に美味しいコーヒーを提供するのみならず，「ペーパーカップやタンブラーを手に街を歩くスタイルや，家でも職場でもない「サードプレイス」の提案など，時代ごとの空気をつぶさに感じ取りながら，新たな価値を生み出し，文化を育んできました（スターバックスコーヒージャパンHP）。」と述べている通り，これまでの喫茶店やコーヒーショップにない新たな付加価値を創り出し，差別化を図っている。

　ペーパーカップやタンブラーを流行らせることで，テイクアウト需要を拡大し，店舗の座席数という売上の制約条件を取り払うことに成功している。その

結果，店舗内のお客様はゆったりとした時間を過ごすことができる。また季節毎に話題となる新商品を開発し，流行に敏感な層を積極的に取り込んでいる。優良顧客育成と囲い込みのためのコーヒーセミナーの開催や，女性に喜ばれる様々なティーの提供など，競合他社との明確な違いを打ち出している。

　このような差別化戦略の源泉となっているのは，バリュー・チェーンにおける販売・マーケティング，サービス，それを支える人材育成・人材開発の強化である。ライフスタイル提案ともいえるスターバックスの顧客囲い込みのための戦略は，他のカフェや喫茶店とは一線を画するスターバックス独自の特徴を消費者に対して明確にアピールしている。

2．集中戦略

（1）集中戦略とは

　集中戦略は，これまで説明したコスト・リーダーシップ戦略や差別化戦略のように広い市場を対象とするのとは異なり，特定の狭い市場やターゲットを対象とした競争戦略である。企業が保有する経営資源の量が限られている場合，ターゲットとなる市場が小さい場合などに有効な戦略である。

　集中戦略には，特定のセグメントや狭い市場においてコスト・リーダーシップ戦略を採用するか，差別化戦略を採用するかの2種類がある。

（2）集中戦略が成功する条件

　集中戦略が成功するための条件は，特定のセグメントや狭い市場が持っている特性が，他の市場と大きく異なっていることである。ターゲットであるセグメントが他と異なる特異なニーズを持っているか，そうでなければそのセグメントに一番適した製造方法や流通システムが業界内のその他のセグメントのそれと全く異質であるか（ポーター，1985），である。集中戦略では，競合他社が参入しにくい市場を選び，そこでコスト・リーダーシップ又は差別化戦略をおこなって競争優位を構築する。

　上記のような市場には，業界内において幅広いセグメントを対象としている企業は参入しにくい。なぜなら，幅広いセグメントを対象としている企業が持っている経営資源は，特定のセグメントのニーズに対応したものになっていないからである。もし特定のセグメントのニーズに対応しようとしたら，そのニーズに合う製品・サービスを提供する仕組みを一から作らなければならない。これでは，大量生産を基本とする規模の経済性，範囲の経済性，経験曲線効果による優位性を活かすことができない。そのため幅広いセグメントを対象としている企業が持つ競争上の優位を活用することはできず，幅広いセグメントを対象としている企業はそのような狭い特殊な市場への参入に二の足を踏むのである。

　しかし集中戦略のターゲットとなる市場の成長スピードが速すぎて規模が大きくなりすぎると，幅広いセグメントを対象としてコスト・リーダーシップ戦略や差別化戦略を実行している企業の参入が可能となってしまう。また市場の成長スピードが速すぎると，それに対応するための先行投資金額も集中戦略をとる会社には負担となりすぎる可能性もある。

　これを防ぐために集中戦略では，市場の成長スピードが速くなりすぎないよう，またターゲット市場の規模が大きくなりすぎないようなセグメントをターゲットにしなければならない。

（3）ブランドを活用した集中戦略

　集中戦略のポイントは，ターゲットとなるセグメントに規模の大きな会社が参入してこないようにすることである。そのためにはブランド戦略が有効となる。

　ドイツの自動車メーカーであるフォルクスワーゲングループは，その傘下にフォルクスワーゲン，アウディ，ポルシェといった様々なグループ企業を有している。フォルクスワーゲンは大衆車を，アウディは高級車を，ポルシェはスポーツカーの製造販売に従事している。

　これらを競争戦略のフレームに当てはめると，フォルクスワーゲンはコス

124

ト・リーダーシップ戦略，アウディは差別化戦略，ポルシェは差別化集中戦略を採用している。自動車業界という大きなマーケットをセグメント化して，それぞれにブランドを設定し，市場特性と市場規模に最適な戦略を実行することが可能となっている。同時に，グループ企業間で部品や車台の共有化を図ることで規模の経済性や範囲の経済性を活用し，フォルクスワーゲングループ全体にコスト・リーダーシップ戦略の効果が及んでいるのである。

3．プラットフォーム・リーダーシップ戦略

　プラットフォーム・リーダーシップ戦略とは，自社製品やサービスがそれを補完する製品やサービスの方向性を決めてしまい，自社製品やサービスを中心とした生態系のようなビジネスネットワークを構築する戦略である。これを実現した企業のことをプラットフォーム・リーダーと呼ぶ。

　プラットフォーム・リーダーになると，その業界の方向性をコントロールすることができ，長期的に安定的で独占的な地位を作ることができる。つまり競争に勝つことによる利益ではなく，業界全体の成長を実現することによる利益の獲得がその目的となる。

　プラットフォーム・リーダーの代表格はインテルである。インテルはPCに搭載されているマイクロプロセッサーの製造開発企業である。インテルが高性能のマイクロプロセッサーを開発販売するためには，高い処理能力を有するPCに対するニーズがなければならない。そのためには，PCのみならず様々な周辺機器やアプリケーションなどが開発され，多くのユーザーがそれらを使いこなせるようになる必要がある。つまりインテルのマイクロプロセッサーを中心に考えれば，それらを補完するのはPC，周辺機器，アプリケーション，ユーザーの体験，ということになる。

　そこでインテルはPCI（周辺機器の相互接続）バスを開発し，それを業界が採用するように働きかけた。さらにUSB（ユニバーサル・シリアルバス）を開発した。USBの開発によりPCと周辺機器を接続すると直ぐに使えるようになり，

ユーザーの利便性が大きく改善された。世界中で販売される殆ど全てのPCが
USBインターフェースを備えるようになった。

　これにより周辺機器やアプリケーションの開発が大きく進み，高性能のPC
に対するニーズが高まるとともに，PCの開発スピードも速くなった。同時に
「インテル，入ってる」というキャッチコピーで有名なプロモーションを展開
することで，インテルのマイクロプロセッサーが入っているPCは高性能であ
るというイメージを強化した。その結果，インテルのマイクロプロセッサーを
採用するPCメーカーも増加していったのである。まさに自社製品が周辺機器
の方向性を決めた，という事例である。

　NTTドコモのプラットフォーム・リーダーシップ戦略は，i-modeというプ
ラットフォームの開発である。NTTドコモは携帯端末でアプリケーションを
動かすための独自のOSを開発し，それをアプリ開発業者に対して提供した。
さらにNTTドコモは，アプリケーションの使用量をユーザーから通話料と一
緒に徴収し，それをアプリ開発業者に対して支払うという仕組みをつくった。

　これによりアプリ開発業者は，使用料の徴収とユーザーに対するプロモーシ
ョン活動から解放され，アプリ開発に集中することができるようになった。ま
たアプリ開発業者の要望に応えるべく，OSの更なる開発に力を入れてアプリ
開発業者をサポートした。これによりNTTドコモのユーザーの利便性が高ま
り，携帯端末のメーカーはより快適なアプリケーション利用環境を提供するた
めに新たな携帯端末の開発に力を注いでいった。NTTドコモはこれにより，
自社の携帯電話サービスの差別化をおこない，契約者を獲得することができる
こととなった。

　プラットフォームとは，多くの企業や顧客が活動する土台である。プラット
フォーム・リーダーはプラットフォームへの参加者に対してデータを提供しコ
ミュニケーションの機会を提供する（中田，2013）。これにより参加者は取引コ
ストを削減することができ，経済的メリットを享受することができる。アマゾ
ンや楽天などのECサイトもプラットフォーム・リーダーシップ戦略である。
業界にとって魅力的なプラットフォームを構築することで，業界全体の発展を

126

実現することができ，それが自社の発展にもつながるという，Win-Win を実現する戦略である。

参考文献

網倉久永・新宅純二郎「経営戦略入門」（日本経済新聞社，2011）

岡田正大訳「企業戦略論　競争優位の構築と持続」（ダイヤモンド社，2005）[原典：Gaining and Sustaining Competitive Advantage, Second Edition, Jay B.Barney, 2002]

岸川善光「経営戦略要論」（同文舘出版，2011）

小林敏男監訳「プラットフォームリーダーシップ」（有斐閣，2012）[原典：Platform Leadership, Annabella Gawer & Michael A. Cusumano, 2002]

土岐坤・中辻萬治・小野寺武夫訳「競争優位の戦略」（ダイヤモンド社，1985）[原典：Competitive Advantage, Michael E. Porter, 1985]

土岐坤・中辻萬治・小野寺武夫訳「競争の戦略」（ダイヤモンド社，2005）[原典：Competitive Strategy, Michael E. Porter, 1980]

辻谷一美訳「競争戦略の謎を解く」（ダイヤモンド社，2012）[原典：Competition Demystified, Bruce Greenwald and Judd kahn, 2005]

中田善啓「プラットフォーム時代のイノベーション」（同文舘出版，2013）

宮崎哲也「図解ポケット コトラーのマーケティングがよくわかる本」（秀和システム，2018）

スターバックスジャパン株式会社ホームページ　https://www.starbucks.co.jp/（2020年7月31日閲覧）

第10章　経営管理とリーダーシップ

> **キーワード**
> PDCA サイクル，マネジメント・サイクル，科学的管理法，モチベーション，リーダーシップ

　経営管理はマネジメントの基本です。マネジメントの中心は，PDCA サイクルによる管理と，働く人々のやる気を引き出すこと，働きやすい環境を作ること，です。特に働く人々のマネジメントは会社の重要課題の１つです。そこで重要になってくるのがリーダーの役割，リーダーシップです。アルバイト先，サークル，職場など，様々な場面を想定しながらこの章を読み進めてみてください。「そういうことか」と思える場面が沢山出てきます。

1．経営管理の発展

（1）経営と管理

　マネジメントとは，会社が経営目的を達成するために，会社の活動をコントロールする事である。そのためには，まず目的をどうやって達成するのかを「計画」する必要がある。そして，その計画を実行するために必要な「ヒト，モノ，カネ，情報」（経営資源）の配分を決める。経営資源の配分が決まったら計画を「実行」する。

　計画を実行する過程では，常に会社の活動が計画通りに進んでいるのか，計画通りの成果をあげているのかを「チェック」する必要がある。計画通りに進んでいれば問題はないが，もし計画から外れていたらその理由・原因を考えて「修正」しなければならない。そして修正案にしたがって改めて計画達成に向

けて「実行」する。

　上記プロセスが,「計画 (Plan)」→「実行 (Do)」→「チェック (Check)」→「修正・実行 (Action)」の PDCA サイクルと呼ばれるものである。

　PDCA サイクルは経営管理の基本である。この PDCA サイクルを回すためには,基準となる計画が必要である。計画が無ければ,会社の活動が目的達成に向かって上手く進んでいるのか外れているのかを判断することもできなくなってしまう。

　また計画を遂行するのは会社で働く社員である。そこでマネジメントのサイクルを社員の視点から考えてみよう。PDCA サイクルと同じように,まずは「計画」を策定する。次にその計画を実行するために必要な「組織」を編成することになる。組織を作る目的は,達成すべき目的を共有すること,計画達成に向けて役割分担をすること,指揮命令系統を明確にすること,コミュニケーションを促進することである。これにより,計画達成に向けて社員の活動の効率を高めることができる。

　しかし組織を作ったからといって,社員のやる気が高まって作業効率が上がるわけではない。社員のやる気を引き出す必要がある。これが「動機付け」である。社員を動機づける方法としては,昇進,名誉,承認,金銭的な報酬,達成感など様々である。これらを組み合わせて社員が計画達成に向けて協力し合う条件を整えなければならない。

　さらに働く社員が計画達成に向けて行動するようコントロール(統制)しなければならない。コントロールするとは,誰が,何を,いつまでにおこなうべきかを明確化し,その達成に向けて必要な指導・支援をおこなって,行動を管理することである。社員の活動をコントロールすることにより,計画達成に向けた行動を引き出し,仕事の効率を高めることができる。そしてこれら一連の活動が上手く進むよう調整をおこなう。これがマネジメント・サイクルと呼ばれるものである。

　会社の経営とは,PDCA サイクルとマネジメント・サイクルを回して,経営資源を効率よく活用して計画を達成し,経営目的を達成することなのである。

図表 10 - 1　マネジメント・サイクル

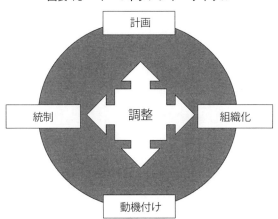

出所：筆者作成。

（2）科学的管理法

　会社の経営資源の中でも，「ヒト」を上手く活用することができるか否かが経営の成果に直結しているといっても過言ではない。「ヒト」を上手く活用するためには，各自の生産効率を高めることと，誰もが役割の遂行を通じて仕事の成果を上げることができるようにしなければならない。さらに，働く人々に対して明確に「目標」を設定し，その目標を達成した人を公平に評価することが必要である。

　この「いかに人を上手く働かせるか」という問題に最初に答えたのは，F.W. テイラーである。テイラーの時代には，仕事の進め方も人それぞれで明確な目標が設定されていなかった。労働者を雇う側は，どうすれば労働者の賃金を下げながら労働者の仕事量を増やすことができるかを考えていた。そのため作業者は「重労働に対する恐怖」を抱えながら働いていた。

　また一日の作業量の基準となるものや，標準的な仕事の進め方も設定されていないので，監督者は作業の管理をおこなうことができず，労働者の管理は「成り行き」に任せられていた。一方の労働者は，頑張って高い成果を上げるとその状態を常に求められることになるため，適当に手を抜くという「組織的

怠業」が発生していた。

　このような状態を解決するために，テイラーは経験や勘に頼る「成り行き経営」を変える必要があると考え，仕事の内容と量について，時間研究と動作研究による課業管理に取り組んだ。時間研究とは標準時間を決定すること，動作研究とはムダな動作を省いた効率的な作業方法を見いだすことである。これが「作業の標準化」である。さらに標準作業量を設定したことにより，出来高によって給料に差をつける「出来高払い」の導入を可能にした。これにより，高い生産性と労働者に対する高い賃金支払いを実現し，労使双方の課題を解決したのである。

　やがて作業の標準化は，製品の標準化という大量生産の時代において，全ての作業が同期化して進むという生産ラインの同期化・移動化と結び付き，フォード・システムへと繋がっていった。

（3）人間関係論

　テイラーの科学的管理法は，労働管理に客観的な視点を持ち込んだことで高く評価されている。その考え方は現代にも引き継がれており，業務の標準化，マニュアル化，業務改善に活かされている。しかしテイラーの時代と現代の労務管理の大きな違いは，「働く人の感情」に対する理解である。テイラーの時代には，労働者の感情については殆ど考慮されていなかった。

　1920年代になると，テイラーの科学的管理法やフォード・システムによる大量生産と未曾有の好景気による生活水準の向上の結果，人々は科学的管理法が説いた経済的動機付けだけでは，今までのように一生懸命働かなくなっていた[1]。

　そこでメイヨーらが新たな生産性向上の要因を明らかにするべく，ホーソン実験をおこなった。ホーソン実験では，ホーソンエレクトリック社の工場において温度・照明などの労働条件が生産性に及ぼす影響を調査することを目的としていた。しかし実験の結果は，温度・照明などの労働環境が悪化するにつれて，被験者たちの業務量が増えていくという驚くべきものであった。

　この労働環境が悪化するにもかかわらず業務量が増えた理由は，実は実験の合間に休憩をとっていた被験者たちが，職場の仲間たちから「あなたたちは私たちの職場の代表であり，誇りだから，ぜひ頑張ってください」と励まされていたからであった。そのため労働環境が悪くなればなるほど，被験者たちは「なにくそ！」と頑張っていたのである。

　メイヨーらが実施したホーソン実験からは，誇り，責任感，友情，好意的雰囲気，事前情報，事後評価などが作業者の高いモラールを形成すること，また職場の非公式組織が重要な役割を果たしていることが明らかとなった。ここから，人間は①経済的成果より社会的成果を求め，②合理的理由よりは環境的理由に左右され，③公式組織より非公式組織の影響を受けやすいという，人間関係論が生まれた。

　これ以降の経営管理においては，働く人々の気持ち，動機付けへの配慮が重要視されることになったのである。

2．モチベーション理論

　ここまで，「いかに人を管理し働かせるか」という考え方から，働く人の気持ちや環境に着目するに至る流れを見てきた。これを踏まえて次に働く人の「意欲」をどのように引き出すのかという研究の流れを見ていく事にする。

（1）欲求段階説

　心理学者であるマズローは，人間は成長する存在であると捉え，人間の欲求を 5 段階に整理した。これをマズローの欲求段階説という。

　欲求段階説は人間の欲求をシンプルに整理しているが，低次の欲求が満たされると高次の欲求に移行することや，この 5 つの欲求が独立して存在していることなどに対する批判が存在する。しかしマズローの欲求段階説は経営学の分野に大きな影響を与えた。

図表 10 － 2　マズローの欲求段階説

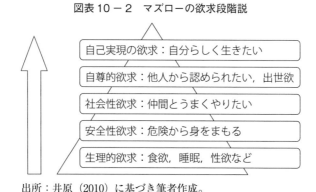

自己実現の欲求：自分らしく生きたい

自尊的欲求：他人から認められたい，出世欲

社会性欲求：仲間とうまくやりたい

安全性欲求：危険から身をまもる

生理的欲求：食欲，睡眠，性欲など

出所：井原（2010）に基づき筆者作成。

（2）マグレガーの「X 理論・Y 理論」

　マグレガーは，命令や統制や権限を重視する伝統的管理の根幹には，以下のような人間観があることを指摘した。

① 　人間は生来仕事が嫌いで，できれば仕事はしたくないと思っている。

② 　人間は仕事が嫌いだから，強制・統制・命令され，処罰や脅しを受けなければ働かない。

③ 　人間は命令される方が好きで，責任は取らずに済む方がよく，野心は持たず，安全を望む。

　これをマグレガーは「X 理論」と呼んだ。

　一方でマグレガーは，新しい管理法として「従業員個人の目標と企業目標の統合」を目指すという理論に基づくべきであると主張した。これを「Y 理論」と呼ぶが，Y 理論は以下のような人間観に基づいている。

① 　人間は生まれつき仕事をすることはいとわない。仕事は条件次第で満足の源となる。

② 　進んで働きたいと思う人間には統制や命令は役に立たない。

③ 　進んで働く人間は責任も積極的にとるし，創意工夫をして問題を解決する。

　マグレガーは Y 理論に基づく管理方法として，職務要件や目標設定，管理方法や業績評定を管理者と従業員が一体となっておこなうことを提唱した。

これは現在も多くの企業で取り入れられている目標管理制度（Management by Objective：MBO）に近い考え方であり，マグレガーはマズローの欲求段階説の「自己実現の欲求」のような高次の欲求を持つ人間が増えた際に有効であると主張している。

（3）ハーズバーグの動機付け－衛生理論

　仕事に対する意欲を高めるために，「給料をアップする」という方法がある。確かに給料がアップすれば嬉しいし，その時は「これまで以上に頑張ろう」と思うかもしれない。しかしこの気持ちはあまり長続きしないかもしれない。なぜなら，新たに提示された給料の金額は，いずれ自分の中で「これだけ働いているのだからもらって当然の金額」となるからである。もし「こんなに働いているのに自分の給料は低いのではないか」と思い始めると，「会社は自分の事を評価していないのではないか」と感じて強い不満を感じてしまう。

　一方で，仕事中にお客様から感謝されたり，上司から褒められたりすると，とても嬉しくなり，「もっと頑張ろう」とやる気がでた経験をした人は多いだろう。褒められないからといって不満を感じることは少ないが，褒められたり認められたりした時や，自分の成長を実感した時には，俄然やる気が沸き上がってくるものである。

　上記例で述べたように，ハーズバーグは職務の満足につながる要因と職務の不満につながる要因が別であることを発見し，職務満足を与える要因を「動機づけ要因」，職務不満を与える要因を「衛生要因」とした。

　満たされると職務満足につながる動機づけ要因は「成長の追求」にあるとし，①達成感，②承認，③仕事そのもの，④昇進，⑤成長などであるとした。一方で満たされないと不満になる要因としては，①会社の制作・運営，②監督技術，③給与，④対人関係，⑤作業条件などであるとしている。

　つまりハーズバーグによれば，伝統的な管理法は管理技術，給与，対人関係，作業条件など「衛生要因」を論じていただけであり，不満の解消にはなっているが動機付けにはなっていなかった，というのである。

　満足要因を見てみると，マズローの欲求段階説及びマグレガーの「Y理論」と共通して，成長や自己実現の欲求につながるものが指摘されていることがわかる。

　このように，マグレガーのY理論による管理やハーズバーグの動機付け－衛生理論は，働く人々の動機付け・職務満足を引き出し，それによって働く人々は仕事において創意工夫をするようになる。これに合わせて個人の能力を引き上げる人材開発と，組織を個人の成長に合わせて発展させていく組織開発が重視されることとなる。

3. リーダーシップ

（1）リーダーシップとリーダーの役割

　仕事をする際には，個人でおこなう仕事もあるが，多くの場合は複数の人と協力しながら仕事に取り組んでいる。これがチームや組織と呼ばれるものである。会社の場合，部，課，グループ，といった名称で同じ仕事をする人々が一括りになっている。

　部，課，グループにはそれぞれ部長，課長，グループ長という役職を持った人がいて，彼らがその集団のリーダーとして認識されている。リーダーそれぞれが，独自のリーダーシップを発揮して，働く仲間をまとめ，統率して成果を上げるための活動に邁進している。

　リーダーシップとは一般的にいえば「人を統率する力」であり，「人について行こうと思わせ，そして彼らをまとめる属人的影響力[2]」である。この力を発揮して集団に働きかけ，集団を纏める役割を担っているのがリーダーである。

　良いリーダーは仕事上では頼りになるし，リーダーがいることでチームの雰囲気も良くなる。また新しいアイデアを思いついたり仕事のやり方を変えようと思ったりしたときでも，良いリーダーに対しては遠慮することなく自分の意見を伝えることができるだろう。

　このようにリーダーは，①仕事の遂行，②集団の維持，③仕事と集団の変革を役割としている。この役割を遂行するために，リーダーには以下のような集団内マネジメントが期待されている。

①　集団の基本的な任務，役割，目標を決定する。

②　価値，行動規範を設定する。

③　仕事の仕方を指示する。

④　集団ならびに個々の部下を動機づける。

⑤　集団ならびに個々の部下の仕事の結果を評価し，適切な行動をとる。

　これらの役割を遂行するためにリーダーは権限を与えられ，責任を有している。リーダーに与えられた権限は，会社がルールに基づいてリーダーに与えるものもあるが，その権限をリーダーが執行することをメンバーが受入れなければ決して上手くはいかないだろう。

　つまり，リーダーがリーダーシップを発揮できるかどうかは，他のメンバー（フォロワー）がリーダーを受け入れるかどうか（受容）にかかっている。このリーダーを受け入れるかどうかは，リーダーに以下の5つの力の源が備わっているかどうかによる[3]。

①　懲罰を与える力

②　報奨を与える力

③　判断への信頼感

④　個人としての魅力

⑤　正当性

　懲罰を与える力，報奨を与える力は，リーダーの職位と繋がっている。つまり会社がリーダーに与えた力である。懲罰や報奨は昇進・昇格・給料などを決める権限を含んでいる。この権限がフォロワーをリーダーにしたがわせる力となっているのである。

　判断への信頼感は，リーダーからの仕事上の指示にしたがったり，リーダーが見ていないところでもリーダーの教えにしたがって行動したりすることに繋がっている。これは，リーダーの指示にしたがっていれば自分にとって良い結

果につながるはずだと信頼しているからである。これまでの実績やリーダーの考え方に対するフォロワーの共感レベルなどが信頼感を形成している。これは組織から与えられるものではなく，リーダー個人の能力やスキルに基づくものである。

　個人としての魅力は，すなわち人間的な魅力である。リーダーの人格，考え方，思いやりややさしさ，共通のバックグラウンドなどがリーダーとフォロワーの一体感につながるのである。仕事以外の場面でのリーダーとの交流なども重要な要素になるであろう。

　正当性とは，判断への信頼感，個人としての魅力と似ているが，リーダーの指示や命令にしたがうのが当然であるとフォロワーが認めているかどうかである。フォロワーがリーダーの正当性を認めるためには，リーダーの行動，考え方，仕事に対する哲学などが重要になってくる。

　以上を踏まえて考えると，リーダーシップを発揮するためには，判断への信頼感，個人としての魅力，正当性という属人的な影響力が重要であることがわかる。そしてこの属人的な影響力はフォロワーがどう評価し，どう判断しているのかにかかってくる。

（2）リーダーシップの理論変遷

　以上をふまえて，リーダーシップに関する研究を見てみよう。リーダーシップの考え方も時代とともに変化していることがわかる。

　科学的管理法の時代のリーダーシップの考え方は「資質論」といわれ，リーダーが持つべき資質について注目した。「生まれ持ったリーダーシップ」といった表現に代表されるものである。ファヨールは管理に必要な能力として，①肉体的資質，②知的資質，③道徳的資質，④一般教養，⑤専門知識，⑥経験といった能力をあげている。

　やがて人間関係論が注目されると，リーダーシップについても個人的資質ではなくリーダーがとる行動に注目する「類型論」が生まれた。リッカートは組織の管理方式を独善的専制型，温情的専制型，相談型，集団参加型の４つに分

類し，部下に対する「不信・命令・懲罰」を基本とする権威主義的リーダーシップから，「信頼・相談・動機付け」を基本とする集団参加型リーダーシップへの移行が生産性を向上させるとした。この参加的・民主的リーダーシップを重視するのがマグレガーやハーズバーグらである。

　ブレークとムートンは，管理者の関心領域に基づいてリーダーシップを類型化し，マネジリアル・グリッドを提示した。横軸に「業績に対する関心」を，縦軸に「人間に関する関心」をとり，それぞれ9段階で分類した。もっとも望ましい管理者は業績にも人間にも高い関心を持っている者で，部下のやる気やアイデアを積極的に引き出して高い業績目標を達成しようとするタイプである。

　またフィードラーやハーシー＆ブランチャードは，有効なリーダーシップが実現する状況を重視し，状況に応じてリーダーがとるスタイルは変わると主張した。

　フィードラーはリーダーシップに影響を及ぼす要因として，①集団との関係（集団がリーダーを受容・支持しているか），②課題構造（課題が明確かどうか），③地位力（権限がどの程度与えられているか）という3つをあげ，これら3つが全て整っている場合にリーダーの統制力が最大になるとした。

　ハーシー＆ブランチャードは，メンバーの成熟度を条件変数とした状況的リーダーシップ（SL理論：Situational Leadership Theory）を主張した。メンバーの成熟度とは，①目標設定能力，②自分で進んで責任を取る意欲，③教育と経験レベル，④自身と自立性で測定する。測定結果に基づき，メンバーの成熟度が低い段階では指示的リーダーシップが有効であるが，メンバーの成熟度が上がるにつれて，説得的リーダーシップ，参加的リーダーシップ，委任的リーダーシップへと移行していくこととなる。

【注】
1 ）　井原（2010）p.126 ～ p.128。
2 ）　伊丹・加護野（2010）p.372。
3 ）　伊丹・加護野（2010）p.379。

参考文献

石田英夫「国際経営とホワイトカラー」(中央経済社, 1999)

伊丹敬之・加護野忠男「ゼミナール経営学入門　第3版」(日本経済新聞出版社, 2010)

井原久光「テキスト経営学　第3版」(ミネルヴァ書房, 2010)

稲村毅・百田義春編著「経営組織の論理と変革」(ミネルヴァ書房, 2005)

今野浩一郎・佐藤博樹「人事管理入門」(日本経済新聞社, 2002)

岸田民樹「経営組織と環境適応」(白桃書房, 2006)

高木晴夫訳「組織の経営学」(ダイヤモンド社, 2010) [原典:ESSENTIALS OF OR-GANIZATION THEORY & DESIGN, 2nd Edition, Richard L. Daft, 2001]

山倉健嗣「ガイダンス現代経営学」(中央経済社, 2017)

第11章　組織戦略

キーワード
協働，組織は戦略に従う，組織設計，メンバーシップ型組織，ジョブ型組織

　人々が働く上で協力は欠かせません。多くの人が働く仕組み，それが組織です。組織とは単に業務分担するためのものではなく，働く人々の行動や考え方に大きな影響を与えます。どうすれば会社の目的を達成できるのか，より良い成果を実現するためには何を考えて組織を設計すればよいのか，を考えていきましょう。

1．組織とは何か

（1）協働のためのシステムとしての組織

　組織という言葉は非常に馴染み深いものである。私たちの身の回りには様々な組織が存在する。学校の生徒会は生徒会長を頂点とする組織である。クラブ活動も組織でおこなわれているし，学校を運営する職員の方々も組織に所属している。当然のことながら，会社は組織を編成して仕事をしている。

　それでは組織とは何なのだろうか。組織は経営管理論と密接な関係がある。古典的な組織論から近代の組織論に至る流れを見てみると，組織の捉え方が変化してきていることが解る。

　古典的な組織論の中心課題は，仕事を効率よく進めるために権限と責任をどう配置するか，組織の中で職位をどのように組み合わせるべきかであった。そのため，組織全体が機械的であり，そこで働く人々の気持ちや外部の環境変化

は考慮されていなかった。

　しかしバーナードによって，組織とは「協働のためのシステム」であるという近代組織論のルーツが作られた。バーナードは，「公式組織とは2人またはそれ以上の人々の意識的に調整された活動や諸力の体系である」と定義づけ，組織には，共通目的，伝達（コミュニケーション），貢献意欲という3つの要素が必要であるとした。

（2）組織は戦略に従う

　1960年代に入って，経営戦略論が経営学の中で注目されるようになった。経営戦略とは，企業が環境の変化に対応するために何をすべきかを考え，具体的な方法を考えて実行することである。企業も環境の変化に対応できなければ成長することは難しい。そこで企業経営においても，どうやって環境の変化に対応するのか，そのためにどのような組織体制が有効なのか，を考えるようになった。

　会社の発展のステップにしたがって組織の変遷を考えてみよう。会社を設立してビジネスを始めた当初は会社も小規模であり，社員の人数も少ない。そのような状況下でビジネスを軌道に乗せて会社を成長させていくためには，社員一人一人が早く専門性を高め，効率よく仕事ができるようにすること，そのためにも経験・ノウハウを社内に蓄積していくこと，経営トップが責任を持って全ての意思決定に関わり全体をコントロールすることが組織運営の重点施策となる。この場合，組織を設計・製造・営業・会計といった職能で分類し，経営トップが全体をコントロールする「ライン型組織」が有効である。

　やがて会社の規模も大きくなり，製品やサービスの種類も増え，事業をおこなう地域も拡大し競合他社との競争が激化すると，各製品やサービスの差別化，地域ごとの戦略の立案・実行など，戦略の立案・実行においても各事業の特性を踏まえた素早い意思決定が求められてくる。これに対応するためには，製品・サービス・地域単位で分類した「事業部制組織」を採用し，意思決定の権限を経営トップから各事業部のトップへと権限移譲を進めていく必要があ

る。

　このような企業を取り巻く環境の変化に応じた企業の戦略と組織の変化から，A. D. チャンドラーは「組織は戦略に従う」という命題を示し，どのような経営戦略を実行するかによって，それに相応しい組織体制が決まる，としたのである。

（3）オープン・システムとしての組織

　Daft, R. L.（2001）によれば，組織とは①社会的な存在で，②目標によって駆動され，③意図的に構成され，調整される活動システムであり，かつ④外部の環境と結びついている。今日の企業経営においては，外部環境の変化に対応するために組織横断的に協力し，チームを組んで対応している。そこでは部門間の境界のみならず，組織間の境界も柔軟性を持ち融合し合いながら外部環境の変化に対応することが必要となりつつある。

　このように環境と相互作用を持たなければならないシステムをオープン・システムと呼ぶ。企業の組織も社会や市場という外部環境の変化に対応するために，内部の変革のみならず外部組織とも連携しつつ，自らの形態や運営方法を変えていく必要がある。

2．組織の構造

（1）組織設計

　ここまで述べた通り，組織とは「協働のための，オープン・システム」であると考えることができる。システムとしての組織が効果を発揮するためには，組織の設計段階で考慮すべき原則がある。James & Jones（1976）は以下の6つの原則を示している。

　①　専門化の原則：職務担当者の仕事は可能な限り1つの主要な職務に限定する。専門化することにより，ノウハウ・経験の蓄積がおこなわれ，経験曲線効果による業務の効率化が進むことになる。また人材育成の点でも早期に必要

スキルを習得することができる。

　②　命令一元化（Unity of command）の原則：直接の監督者は直属の上司 1 人でなければならない。指揮命令系統が複数存在すると，作業者は誰の指示にしたがうべきかのかが分からなくなり混乱が生じてしまう。

　③　監督範囲適正化（Span of control）の原則：1 人の監督者が直接監督することのできる部下の数には限界がある。通常，1 人の監督者の統制範囲は 5 〜 8 人程度と考えられている。したがって，組織の人数が増えるにしたがって，監督者は直属の部下に権限を委譲して，組織を階層化することになる。例えば，組織の人数が 40 人となったら，トップ（1 人）→ 管理職（5 人）→ 部下（各管理職の下に 7 人）を配置した 3 階層にすることで，統制範囲を超えることなく組織を管理することができる。

　④　階層短縮の原則：伝達・命令の迅速さ・正確性確保のため，階層は可能な限り短縮するべきである。そのためには監督者の統制範囲を拡げなければならない。近年は IT 技術の発達と普及により，イントラネットや電子メールなど様々なコミュニケーションツールが組織内で活用されるようになった。その結果，コミュニケーションの範囲が拡大しスピードも早くなり，監督者の統制範囲を拡大した。IT 技術の発達によって階層の短縮が実現でき，後述するネットワーク型組織など階層が短いフラットな組織も生まれた。

　⑤　権限と責任の原則：権限は明確に規定され，その権限に応じた責任を伴わなければならない。権限とは力を行使する手段であり，経営的意思決定，人事，政治的意思決定などを含む。これらを行使するためには部下がその権限を容認するとともに，権限の行使についてもコントロールされていなければならない。責任を定めることは，権限行使をコントロールすることにもつながっている。

　これに関連して，権限移譲も円滑な組織運営には必要である。下位者にルーティン（日常反復的）業務に関する権限を委譲することで，上位者は例外的な業務や長期的な視野に立った判断業務など非定型的業務に専念できるようになる。しかし，権限は委譲されても監督責任や結果責任・説明責任は委譲されな

いことに注意が必要である。

　⑥　調整 (Co-ordination) の原則：組織の内部では，人々の間に様々な対立（コンフリクト）が生じる可能性がある。そこで予め組織の中に，コンフリクトが顕在化する仕組みとそれを解消する仕組みを埋め込んでおく必要がある。例えば銀行が融資審査部門を独立させるのは，各営業部門から持ち込まれる貸付依頼案件が審査部門に集まることで，貸し付けに関する審査部門と営業部門の意見の違いが表面化しやすく，重要な問題の存在を多くの人に知らせ，調整をおこなうことができるからである。

（2）職務観と組織編制

　職務に対する考え方は，雇用形態と組織構造に影響を与える。この違いが顕著に表れているのが，メンバーシップ型とジョブ型である。日本型の雇用形態はメンバーシップ型，欧米型の雇用形態はジョブ型といわれる。

　メンバーシップ型の雇用は，仕事内容を限定せずに潜在能力や人格を評価して採用する。したがって就職よりも就社に近く，共に永く働く仲間を採用するという意識が強い。メンバーシップ型では，まず人を集めて，その人々に仕事を割り振るのである。

　ジョブ型の雇用では，求人時点での職務内容や給与が明確に職務記述書に定められており，その仕事に合致した人材が採用される。仕事に対して人を配置する方法である。

　したがってメンバーシップ型の雇用による組織では，互いに助け合ったり頼ったりすることが多い。そのため，個々の仕事の境界が曖昧となり相互に依存し合う部分が存在する。一方のジョブ型は個人の職務として明確な部分が多く，不明確な部分は少ない。（石田，1999）。

　これを図に示すと図表 11 − 1 の通りとなる。

　図表 11 − 1 のメンバーシップ型組織の黒い部分が，互いに助け合ったり頼ったりする部分である。メンバーシップ型の組織では，曖昧な部分を状況に応じて的確にカバーする自発性と弾力性がメンバーに期待されている。メンバー

図表 11 - 1　メンバーシップ型組織とジョブ型組織

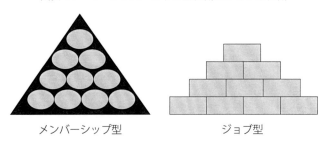

メンバーシップ型　　　　　　　ジョブ型

出所：石田（1999）に基づき筆者作成。

シップ型の組織では柔軟な職務行動が求められている。一見非効率なように見えるが，日本の組織ではそれが組織の効率性と環境変化への適応性に繋がっている。

（3）経営組織の発展

　外部環境や経営戦略の変化に合わせて経営組織がどのように発展してきたのか，また組織設計の原則がどのように活かされているのであろうか。アメリカにおける環境変化と戦略の変化，それらに合わせた組織の発展を見ていく事にする。

①　マス・マーケティングの時代の組織〜ライン組織

　アメリカでは 1900 年〜 1920 年代に様々な生産技術が開発され，インフラでは運河のネットワークの建設，鉄道網の整備が進み，経済の画一化が進んだ。この時代は競争という概念はほとんどなく，マーケティングという考え方も存在していなかった。

　この時代の経営の重点施策は，単位コストの低減を実現する生産メカニズムの構築とその産業内での成長である。製品差別化はなく，最も低い価格を示すことが成功要因であり，そのための低コスト生産を実現する生産能力が成功の鍵であった。

図表 11 － 2　ライン組織

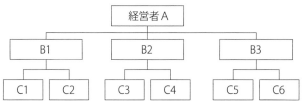

出所：筆者作成。

　これを実現するためには，職務を専門化し専門能力を育成すること，作業の標準化を促すこと，トップから末端の作業者に至るまで単一の指揮命令系統で結び，直属のただ 1 人の上司から仕事の遂行に関する決定・命令を受けることが必要になる。

　ここから生まれたのがライン組織である。ライン組織では，「命令一元化の原則」，「統制範囲の原則」を重視している。

　ライン組織の欠点としては，部門間のコミュニケーションがラインの命令権限に限られる場合，例えば C1 から C4 へのコミュニケーションでは，C1 はB1 へ伝え，B1 は経営者である A に上申し，A から B2 を経由して C4 へ至るという非効率が生じることとなる。

　組織規模が小さく，経営トップが全体を管理できる間は，情報の集約化や権限の集中化をはかることができるが，組織の規模が拡大し階層が増えるにしたがってコミュニケーションに不都合が生じやすく，また経営トップの業務負荷が増大することになる。

② 　専門能力の強化と大量生産期〜ラインアンドスタッフ組織

　やがて企業を取り巻く環境は，経済成長と市場の拡大に伴い大量生産が求められる時代に突入する。これに伴い企業では，専門化と効率化をより一層推し進める必要が高まってくる。

　そこで企業はライン組織における命令統一の原則を保持しつつ，ファンクシ

146

図表11－3　ラインアンドスタッフ組織

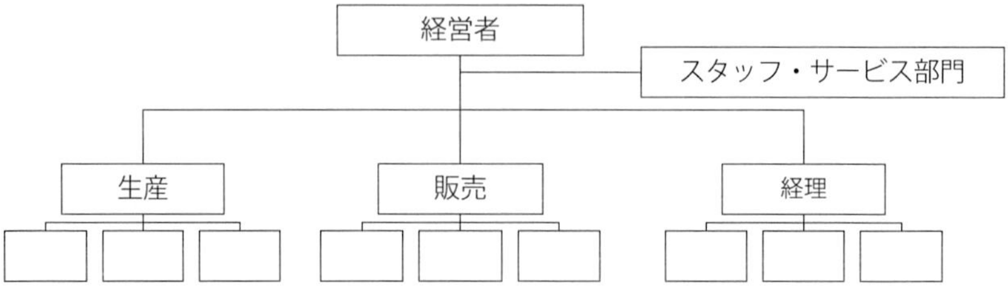

出所：筆者作成。

ョナル組織における専門化の利点を生かすための組織を導入することになる。これがラインアンドスタッフ組織である。ラインアンドスタッフ組織は包括的な決定・命令権限を有するライン組織に対して，専門的知識を持つスタッフ・サービス部門が助言・助力をおこなうものである。

　ラインアンドスタッフ組織では，経営組織が生産・販売・経理といったように職能別に専門化され，職能部門制組織となる。これにより職能部門制組織ではその会社に特殊な仕事に専念し，専門化と標準化が進み，規模の経済や経験曲線効果による業務の効率化を実現できるため，大量生産に適したマネジメントをおこなうことができる。

　また各部門間の調整は経営者がおこなうため，中央集権的な管理がおこなわれる。

　しかしその一方で，様々な弊害も起こってくる。各職能部門のセクショナリズムが生じて部門間の調整が難しくなる。また各部門の責任範囲が限定された結果，各製品・サービス全体に対する損益の責任があいまいになる。さらに，スタッフ・サービス部門は命令権限を有していないが，しばしばスタッフ・サービス部門が指揮命令に介在してしまうという問題が生じることがある。

　経営者にとっては，組織規模の拡大と同時に中央集権化が進むことで各部門間の調整が経営者に集中し，経営者の責任が過重になり調整コストが高くなるという課題が生じた。また職能的な専門家の育成には優れているが，全体を調

整・統合して判断をするという経営者に必要な能力の育成には不向きな組織で
もあり，企業の維持発展という視点から問題が生じることにもなった。

③　製品差別化とマーケティングの時代～事業部制組織

　大量生産の時代に企業の規模は拡大した。また標準品を作れば売れるという
大量生産の時代から，マーケティングの時代へと変化した。その結果，企業が
扱う製品も増え，事業の地理的エリアも拡大し，新製品開発が重要な活動とな
った。また経営者は広告や販売促進などにも関心を払うようになっていった。

　このような変化に対応するために，企業は製品別，地域別，市場別に業績責
任単位として事業部をつくり，事業部のトップに大幅な権限移譲を進め，本社
の中央本部で各事業部を全体的に管理するという事業部制組織が作られた。

　事業部制組織における経営の役割は，企業全体の方針を決定し，それに基づ
き経営資源を各事業部に配分する。各事業部は，設計・生産・販売といったそ
の事業に必要な業務を遂行する部門を持ち，各事業の損益に対して責任を負う
プロフィットセンターとなる。

　事業部制では各事業部がそれぞれの事業の利益責任を持つので，本社の経営
トップは日常の業務執行に煩わされずに中長期的な計画や全体の統制に専念で
きる。また事業部のトップは各事業の経営に関わることから，経営者に必要な
能力の育成も可能である。

図表 11 － 4　事業部制組織

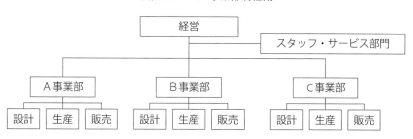

出所：筆者作成。

　事業部制組織におけるスタッフ・サービス部門は，総務，人事，経理，財務といった管理系業務を集約・一元化し，各事業部に対してサービスを提供するコストセンターとなる。

　事業部制組織の問題点としては，①事業部が独走して会社全体のバランスを損なう危険がある，②製造設備や人員に重複が生じる可能性がある，③事業部間の競争が生じると事業部間の交流が滞る可能性がある，④各事業部が利益責任を負うため短期的な業績思考になりやすい，⑤複数の事業部にまたがるような事業が円滑におこなわれない，といったことが指摘される。

④　複雑なタスクと不確定性の高い環境への対応の時代～マトリックス組織と
　　SBU

　マトリックス組織は，1960 年代のアメリカ航空宇宙産業において誕生したというのが通説である。当時アメリカ政府は，企業に対して契約条件として「プロジェクト・マネジメント・システム」をとるべき事を要求した。これによりアメリカ政府はプロジェクト全体に責任を持つプロジェクト・マネジャーと取引をすることが可能になるからである。この要求に対して企業は，既存の職能別構造にプロジェクト・マネジメントを重ねる方法を選び，マトリックス組織が生まれた（岸田，2006）。

　マトリックス組織は図表 11 - 5 に示す通り，事業部と職能が交差する組織である。これは命令一元化の原則には反しているが，部門を超えた人々の協力と，情報の共有化，様々な知見の組み合せ・活用により，外部環境の変化に対する迅速な対応と複雑なタスクへの対応を可能にする。

　グローバル企業のモデルといわれた欧州の電機エンジニアリング大手アセアブラウンボベリ（ABB）が，経営者のリーダーシップと調整能力，および全社的な情報処理システムによって，マトリックス組織を活用してきたことは注目に値する。同社はマトリックス組織によって，大企業でありながら中小企業のように迅速に，グローバル企業でありながらローカル企業のように市場適合的に行動し，二律背反を克服することによって，賞賛を集めてきた。しかしなが

図表 11 － 5　マトリックス組織

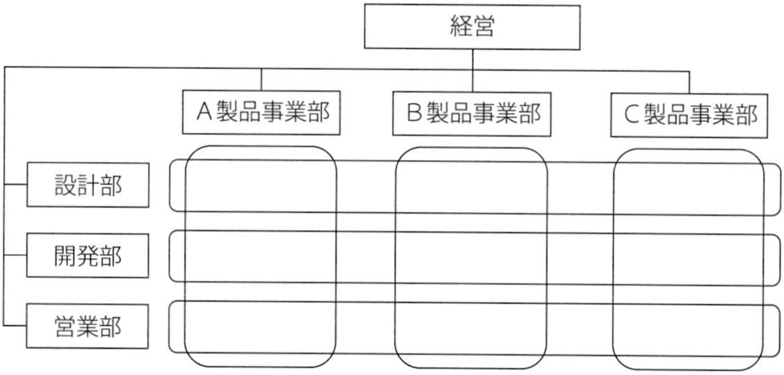

出所：筆者作成。

ら同社も，業績の低迷を受け，それまで 10 年に亘り活用してきたマトリックス組織を 1998 年に廃止することになり，製品別事業部組織に移行した（今井・清水，2000）。

　戦略的事業単位（Strategic Business Unit：SBU）は，企業が戦略上設定する組織単位であり，1970 年代からゼネラル・エレクトリック（GE）などで，製品ポートフォリオ・マネジメント（PPM）実施のための組織として導入された。SBU は表面的には事業部制組織のような形態をとるが，SBU が事業部制と異なるのは，事業部制では分権化されているが，SBU では総合的管理の仕組みを持っていることである（井原，2010）。

　SBU では，どの事業にどれだけ経営資源を投入するかを全体の事業のポートフォリオ戦略に基づいて決定する。これにより事業部制の分権化の弊害を減らし，事業やプロジェクトの戦略的調整や撤退の判断などをおこないやすくなる。しかし，PPM の欠点として指摘されている事業部間のシナジー効果の判断がおこないにくい，事業部単位の決定が難しい，新規事業機会を喪失するなどの欠点も指摘されている。

150

図表 11 － 6　フラット組織とネットワーク組織

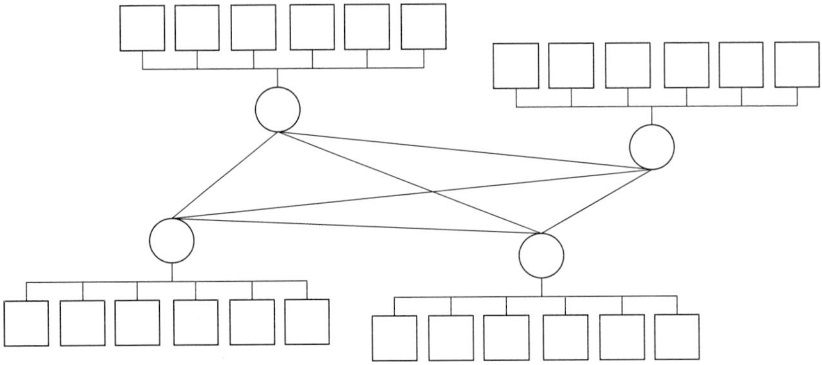

出所：筆者作成。

⑤　情報化社会への対応の時代〜フラット組織とネットワーク組織

　近年は情報革命の時代ともいわれている。インターネットが普及し電子メールなどのコミュニケーションツールが普及した。これに伴い組織の在り方も変化している。

　コミュニケーションツールを活用することによるフラット組織化が進んでいる。これは階層短縮の原則を実現するものであり，中間管理職を廃止し，その形態から文鎮型組織といわれている。しかし組織がフラット化すると様々な情報が組織長に集約されるため，組織長の負担は増える。そこで組織長同士が横につながり緊密に連携を取る水平的な広がりが求められる。このように組織長が横につながった組織をネットワーク組織という。

　またネットワーク組織は社内のみならず企業外部との連携でも活用されている。そもそもネットワーク組織とは対等な関係でゆるやかに結び付いている組織である。ケイレツ取引やアウトソーシング，生産者と消費者が協力して製品開発をおこなうプロシューマ，サプライチェーン・マネジメントなどでネットワーク組織が活用されている。

参考文献

石田英夫「国際経営とホワイトカラー」（中央経済社，1999）

伊丹敬之・加護野忠男「ゼミナール経営学入門　第 3 版」（日本経済新聞出版社，2010）

井原久光「テキスト経営学　第 3 版」（ミネルヴァ書房，2010）

稲村毅・百田義春編「経営組織の論理と変革」（ミネルヴァ書房，2005）

岸田民樹「経営組織と環境適応」（白桃書房，2006）

高木晴夫訳「組織の経営学」（ダイヤモンド社，2010）〔原典：ESSENTIALS OF OR-GANIZATION THEORY & DESIGN, 2nd Edition, Richard L. Daft, 2001〕

山倉健嗣「ガイダンス現代経営学」（中央経済社，2017）

第12章　人事戦略

キーワード
　人事管理，職能資格制度，採用，人事評価，昇進昇格管理

　人事戦略は働く人々に直接影響を与えます。したがって，人事戦略の良し悪しは会社の業績に深く影響を与えます。また人事戦略は組織文化にも関わってくるなど，働く私たちにとっても，大変重要な戦略なのです。しかし実際には，人事戦略を競争戦略やマーケティング戦略と同じレベルで意識して働いている社員はあまり多くないかもしれません。ここでは会社の基礎部分でもある人事戦略とは何か，を考えていきます。この章を学ぶことで，会社組織のことをより詳しく理解することができ，自分たちは何を意識して働くべきなのかを考えることができるでしょう。

1．人事管理とは何か

　人事管理とは，企業活動を実施する上で不可欠な人材の確保と，経営目標の達成に向かって効率的・効果的な活動を実現することを目的としている。この目的を達成するために，人事管理では，①人材を採用し，教育し，仕事に配置する機能，②人材が能力を発揮できる就業条件を整備する機能，③働く人々を評価する機能，④働きに対する報酬を決める機能，の4つの機能を果たしている。この①を「雇用管理」，②を「就業条件管理」，③を「人事評価」，④を「報酬管理」という。これらの機能はさらに各業務へと細かく分かれるのであるが，これら機能の関連性と各機能の具体的な中身を図に示すと以下の通りとなる。

図表 12 － 1　人事管理制度

雇用管理				就業条件管理	報酬管理		
採用	配置と異動	能力開発	退職・雇用調整		賃金	福利厚生	昇進・昇格

人事評価

社員区分制度・社員格付け制度

出所：今野・佐藤（2002）p.8 に基づき筆者作成。

　図表 12 － 1 に示す通り，人事管理の基本は社員区分制度と社員格付け制度である。社員区分制度とは，正社員とパートタイマー，総合職と一般職，といったように仕事内容や働き方，キャリアプランが異なる多様な従業員に対応するために社員を区分し処遇する制度である。社員格付け制度とは，従業員のランクを決める仕組みであり，会社の中の地位や給与を決める際の尺度になる制度である。

　図表 12 － 1 で人事評価が雇用・就業条件・報酬の各管理機能と社員区分制度・社員格付け制度の間にある理由は，人事評価は会社がどのような人材を求めているのか，会社がどのような活動や成果を高く評価するのか，という会社の考え方を制度化したものだからである。つまり人事評価が働く人々の行動を方向付け，雇用管理・就業条件管理・報酬管理で働く人々の働き方を決め，やる気を引き出し，動機づけるのである。これが人事管理の全体像である。

2．社員区分制度

　人事管理は，人材を効果的に確保・育成し，活用し，処遇するために従業員をいくつかのグループに分ける仕組みと，社内序列を決める仕組みから成る土台の上に形成されている。前者を社員区分制度，後者を社員格付け制度と呼ぶ。

図表12−2 社員区分制度の例

| | | | 社員区分の基準 | | | | | | | |
| | | | 仕事の内容 | | | | | 勤務条件 | | |
			①補助的業務	②企画的業務	③高度な業務経験を要する業務	④高度な専門業務	⑤管理業務	①転勤なし	②エリア内転勤	③無限定
社員区分	非管理職群	勤務地限定社員 一般職	●					●		
		中間職		●					●	
		総合職		●						●
	管理職群	専任職			●					●
		専門職				●				●
		管理職					●			●

出所：今野・佐藤（2002）p.51。

　社員区分制度の目的は，多様化する従業員に適合する人事管理の体系を作ることである。例えば，営業職には短期の売上成果を重視する人事の管理を，技術者には高度な専門能力を評価する人事の管理を整備することで，それぞれの職務の特質に応じた人事管理体系を整備することが可能となる。

　またこれまでは一定の勤続年数を経たのちに管理職に対応する職位へと昇進していくのが一般的であった。しかし組織のフラット化やスリム化を進めた結果，年齢や能力が管理職に相応しい社員の人数に対して，社内の管理職ポストが不足してしまった。そこで企業は，新たに専任職，専門職という区分を設けて，後述する職能資格制度の下で同じ能力を有するのであれば，管理職であるかないかに関わらず給与は同じになる人事体系を作った。

　社員区分に応じた昇進・昇格の仕組みを作ることを複線型人事と呼ぶが，これによりゼネラリストとして昇進していく人材と，専門職として昇進していく

人材に区分し，両者を公平に扱うことが可能となった。

　短い労働時間で就労することを希望する従業員をパートタイマーという区分で採用し，転勤せずに特定の地域内で勤務することを前提とした勤務地限定社員という区分を整備している会社もある。

　しかし社員区分制度を細かく設定しすぎると，異なる人事管理を適用されている社員群間の均衡を図ることが難しくなり，また異なる区分間の人材の流動性が阻害されるなどの課題が生じてしまう。

3．社員格付け制度と職能資格制度

　社員格付け制度は企業内における社員のランキングを決める制度であり，給与などの報酬制度と密接に関連している。社員格付けには，職務分類制度と職能資格制度がある。

　職務分類制度はアメリカで一般化している制度である。この制度は企業にとっての職務の重要性によって職務を順位付けする。その手法としては，まず職務を調査し（職務調査）分析する（職務分析）。職務分析の結果に基づいて個々の職務の価値を総合的に評価し，その職務のグレードを決める。社員の格付けは職務のグレードとリンクしており，職務のグレードとリンクした賃金表を作成すれば，社員の賃金が決定する。

　これに対して日本の会社で広く採用されている職能資格制度は，従事している仕事ではなく，職務遂行能力（職能）を社員の格付けの尺度にしている。

　職能資格制度では職階とは別に等級が定められている。賃金などの処遇は等級に基づいて決められており，等級が上がることを昇格といい，職階が上がる昇進と分けている。職能資格制度では業務の都合上で職位を解かれることはあるが，等級が下がることはない。したがって，図表12－3にしたがえば，同じ8等級の社員であれば，職位が部長であってもそれ以外であっても基本給は変わらない。つまり「仕事と給与を分離」しているのである。これにより日本企業ではポスト不足による従業員の不満を解消するとともに，会社は社員の生

図表 12 － 3　職能資格制度の例

等級		対応職位
上級管理職能	8級	部長・次長
	7級	次長・課長
中間管理職能	6級	課長
	5級	係長
	4級	主任
一般管理職能	3級	
	2級	
	1級	

出所：筆者作成。

涯を通じての能力開発を重視し，開発された能力を活かすように人材を配置し，その能力に基づいて格付けと処遇を決めるという能力開発主義の考え方が強調されている。

　したがって人事考課制度においても，職務分類制度下では業績評価が中心となるが，職能資格制度下では潜在的な職務遂行能力と仕事に対する取り組み姿勢を含めて評価することとなる。

4．報酬制度

　従業員は労働の対価として毎月の給与やボーナス，退職金を得ている。これらは企業から見れば労働費用というコストである。

　労働の対価を従業員の管理ツールとして活用することを考案したのは，科学的管理法を提唱したテイラーである。「いかに人を上手く働かせるか」という問題を解決するために，テイラーは仕事の内容と量について，時間研究と動作研究に基づき「作業の標準化」をおこない標準作業量を設定した。これにより，標準作業量を基準として出来高によって給料に差をつける「出来高払い」の導

図表 12 － 4　賃金制度

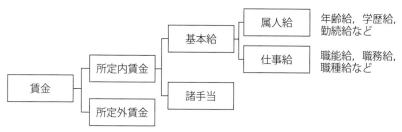

出所：筆者作成。

入を可能にし，高い生産性と労働者に対する高い賃金支払いを実現した。

　現代企業の賃金決定プロセスは，経営計画に基づき労働費用全体を決め，それを給与など現金で支払う部分と，福利厚生などの現金給与以外の部分に配分する。現金で支払う部分（賃金総額）が決定したら，個々の従業員への配分を賃金制度に基づき決定する。賃金は様々な構成要素によって決まる。賃金制度を図表 12 － 4 に示す。

　報酬制度の決定で重要な点は，所定内賃金の設計方法である。所定外賃金とは残業代や休日出勤などに対して支払われる賃金であり，法律で算定基準が定められている。所定内賃金の中心は基本給であるが，基本給は給与の中で最も大きな比率を占めること，従業員の生活基盤になる最も安定的な給与であること，従業員に対する企業の評価・格付けの金銭的指標であること，賞与・退職金・手当などの算定基準となっていることといった理由から，最も重要な構成要素である。

　日本の賃金制度では，基本給は職務の重要度に応じて決まる職務給，職務遂行能力によって決まる職能給，年齢・学歴・勤続年数などの属人的要素で決まる属人給を総合的に勘案して決まる場合が多い。

　基本給は勤続年数に応じて昇給するが，昇給額には定期昇給（定昇）とベースアップ（ベア）の 2 つが含まれる。定昇とは賃金表に基づき，勤続年数が増える度に賃金が上昇していくことをいう。ベアとは社会情勢等を反映させて，賃金表そのものを書き換えることである。このように，初任給に毎年の「定昇

＋ベア」を積み上げ，それに昇進・昇格に見合った昇給が加わり，個人の長期間の給与が決まっていく。

　日本型経営の特徴である職能資格制度では，基本給は年齢とともに上昇する右上がりの賃金曲線を描く。最近では，年齢や勤続年数間の格差は確実に縮小してきており，属人的要素の重視から能力や実績を重視する賃金制度へと変化しつつあるが，依然として年功型賃金が中心となっている。

　年功型賃金が採用されてきた理由は，①年齢とともに増加する生計費に合わせて賃金を決めることで従業員の生活を安定させ，会社に対する忠誠心と労働意欲の向上を実現し，安定的かつ協調的な労使関係を形成することができる，②長い期間勤務している従業員ほど多くの仕事と教育訓練を経験しているため高い能力を有している，の2つをあげることが出来る。

　特に上記②の「熟練」については，OJT[1]を中心とした企業内訓練を通じて得られる，特定の会社でのみ通用する高い企業特殊能力を有する従業員の高い定着率が基盤となっている。

5．採用・配置と異動・人事評価と昇進昇格管理

（1）採用管理

　11章において「メンバーシップ型」と「ジョブ型」の組織編制について述べた。メンバーシップ型である日本企業の人事管理制度の特徴は，仕事に対して人を割り当てるのではなく，人に対して仕事を割り当てることが基本となっている。したがって採用段階では「高い能力や可能性を持った人材」を高く評価することになる。

　一方で，職務分類制度が中心のジョブ型であるアメリカは，仕事に対して人を割り当てる。そのため，職務記述書に基づいて「その仕事を遂行できるスキルを持った人材」を採用する。

　メンバーシップ型の人事管理の基本は，社内人材教育による社員の成長，長期雇用の重視である。したがって採用段階でも専門的能力やスキルのみなら

ず，それまでの経験や潜在能力を中心に評価して共に働くメンバーに相応しい人材を選ぶのである。そのため，社員の採用では新規学卒者を対象とした正社員の一括採用が中心となる。新卒採用では，専門的知識のみならず，熱意・意欲，行動力，コミュニケーション能力，積極性などが選考要素となる。特に事務職では，配属先の仕事を限定して採用することが少ないため，専門的知識よりも一般的な知識水準が選考基準として重視されやすい。

即戦力を採用する中途採用では，職務遂行能力が採用の基準となるが，長期に渡って他の仕事をこなしうる潜在能力を持っているかどうかが選考基準に加えられる場合も多い。

（2）配置と異動の管理

初任配属された職場で定年まで留まることは例外的で，通常は一定期間で他の職場に異動することとなる。異動のうち，転居が伴うものが転勤，職場内における配置の異動をローテーションという。

ローテーションの目的は，①人材育成，②適正発見，③マンネリズムの打破，④セクショナリズムの防止等である。ハーズバーグは仕事の数や範囲を増やす「職務拡大」と，より高いレベルの仕事を与える「職務充実」という考え方を示した。これにより人材開発と組織開発を同時に実現するのである。

しかし実際には，現在の職能分野と最長経験職能分野が重なる者が多く，複数の職能分野を幅広く経験するゼネラリスト的な人材は少ない。配置と異動は従業員のキャリア形成とモチベーションに大きな影響を与えるため，個人の成長と組織の成長の観点から実施されなければならない。

（3）人事評価と昇進昇格管理

職能資格制度のもとでは，職能等級が上がることを昇格，部長・課長といった職位が上がることを昇進という。昇進昇格はマズローの欲求段階説の自尊的欲求，ハーズバーグの動機付け・衛生理論の動機付け要因であり，従業員のモチベーションと深く関連している。

　昇進昇格は人事評価制度と密接に関連している。そこでまず人事評価制度について見ていくことにする。

① 人事評価制度

　人事評価制度の目的は，従業員にとっては「今の自分」を知ることであり，会社からすれば「従業員に対して何を期待しているのか」を伝えることである。人事評価の結果に基づき人材の適正配置と有効活用，公正な処遇を実現することが求められる。

　人事評価制度の中心は，上司が日常の業務遂行を通して部下を評価する人事考課と呼ばれる評価方法である。人事考課制度の基本原則は，公平性，客観性，透明性，加点主義である。特に加点主義については，失敗を恐れずに革新的なことに挑戦する従業員を高く評価しようという会社側の意思の表れである。

　人事考課制度では，評価要素・評価基準・評価結果の活用方法を定める。職能資格制度のもとでは，評価要素は職務遂行能力，取り組み姿勢，業績の3つの領域で構成される。職務遂行能力では潜在的な職務遂行能力を評価する。取り組み姿勢では責任感，意欲，態度を対象に評価し，各項目を重みづけして点数化することが一般的である。

　人事考課は期中に複数回の面接がおこなわれる。面接者も直属の上司に加えてその上の上司もおこない，さらに同僚や部下の評価も考慮する360度評価という方法もある。

　また業績評価方法のための仕組みとして「目標管理による評価」がある。目標管理制度（Management by Objective：MBO）では，評価期間のはじめに上司と部下の間で業務目標を設定する。期の途中で経営目標の変更などがあればそれに合わせて業務目標も調整する。評価期間の終わりに業務目標に対する達成度によって業績を評価する。目標管理制度で重要なことは，上司と部下が面談を通じて目標を設定することで，社員の納得性が得られる透明性の高い評価にすること，職能等級で求められる職務能力に応じた目標設定と評価基準を定めることで「達成可能な目標に終始しないこと」である。

② 　昇進昇格管理

　前述の人事評価の結果が昇進・昇格へと反映され，また基本給の算定や賞与の査定に使われる。職能資格制度では，職能毎に定められている潜在能力基準を満たすことにより等級が上がっていく（昇格）。

　職位が上がっていく昇進では，職位の数に限りがあるため選抜がおこなわれる。選抜の方法は大きく分けて 3 つある。1 つはキャリアの初期段階で昇進機会が保障されたエリートと将来の昇進機会が閉ざされたノンエリートに分けて，キャリアの初期段階ではごく少数の人材を選抜していく方法である。2 つ目はキャリアの各段階において昇進競争への参加機会を開き，キャリアのかなり後半まで昇進競争への参加を確保する方法である。3 つ目は昇進を連続的な選抜の過程とし，ある時点の昇進競争における敗者は次の機会の競争機会に参加することはできないというトーナメント方式である。

　これに対して，日本の大企業の昇進管理は「遅い選抜方式」といわれる。キャリアの初期段階から決定的な選抜が始まるまでの間は，少数は脱落するが，入社時期を同じくするものはほぼ同じテンポで昇進していく。これにより，多数の従業員が長期に渡り昇進競争に参加することとなり，能力向上へのモチベーションを長期間維持することが可能となる。また決定的な選抜機会まで長期間に渡る評価実績が積みあがるため，選抜された結果に納得感が得られやすい。デメリットとしては，若手の選抜ができないこと，教育訓練投資が増えること，従業員の間に過度の競争状況を創り出しやすいことが挙げられる。

【注】
1 ）　On the Job Training：仕事をしながら上司や先輩社員から受ける教育のこと。社外の学校や訓練施設で受ける訓練は Off JT（Off the Job Training）という。

参考文献
伊丹敬之・加護野忠男「ゼミナール経営学入門　第 3 版」（日本経済新聞出版社，2010）
井原久光「テキスト経営学　第 3 版」（ミネルヴァ書房，2010）
今野浩一郎・佐藤博樹「人事管理入門」（日本経済新聞社，2002）

第13章　経営と財務会計

　財務会計には苦手意識を持っている方が多いと思います。しかし「経営」の視点から財務会計を見ていくと，財務諸表の意味がわかってきます。コツさえ掴んでしまえば，財務会計は簡単です。「経営者の視点」で財務会計を学んでいきましょう。

1．企業会計の基本

（1）会計の目的
　会社は消費者に対して製品・サービスを提供しているだけではなく，別の会社から材料を仕入れるなど様々な取引をおこなっている。また会社は投資家から出資をしてもらい，金融機関から融資を受けている。

　これら様々な「取引先」と「投資家」にとって，会社の経営状態を把握することは大変重要である。取引先が倒産してしまって代金を回収できないと，連鎖的に自社も倒産してしまうことがある。投資家は会社の経営状態と事業計画に基づいて投資するか否かを判断している。また会社には納税義務があるため，税金を計算する上でも利益がいくらなのかを計算しなければならない。

　経営者は，会社を運営する上で必要な現金は手元に十分あるのか，製品・サービスの販売を通じて適正な利益が得られているのか，在庫の量は多すぎないか，金融機関からの借入金の残高は適正かなど，会社の経営状態を数値で把

握して，もし問題が発生しているようであればそれを解決する方法を考えなければならない。

　以上のことから，会社は自社の経営状態を関係者に正しく開示する必要がある。特に株式を公開している会社は，会社の会計情報を開示する義務が課せられている。

　会社は日々の取引を記録し，それを整理して会計情報として開示することで，会社の内外の関係者に対して会社の経営状態を伝えているのである。これが会計の目的である。したがって会社は，定められたルールにしたがって会計処理をおこない，適宜会計情報の開示をおこない，その記録を保存しておかなければならないのである。

（2）発生主義というルール

　企業会計は「発生主義」というルールに基づいて記録されている。発生主義とは，「取引が発生したら，それに関わる収入・費用・利益を認識する」という会計のルールである。つまり製品・サービスの提供に対する代金が支払われているかによらず，製品・サービスが顧客に引き渡された段階で取引が成立したと考えて，売上・費用・利益が発生するのである。

　企業会計が発生主義となっている理由は以下の通りである。

① 当期に発生した費用を正しく把握する

　会社は費用が発生した時にその都度現金で支払をしているわけではない。月末までに購入したものの請求をまとめて翌月末に現金や手形で支払うなど，各会社が定めている「支払い条件」に基づいて支払い処理がおこなわれている。つまり現金の出入りだけを見ていたのでは，今月何に対していくらの費用が発生しているかが判らなくなってしまう。そこで，その期間に発生した費用を正しく把握するために，会社が請求書を受取ったり，提供されていたサービスが完了したりしたときに，費用として計上する。

② 当期に発生した収入を正しく把握する

　①と同じことは売上にもいえる。お金が顧客から支払われたかどうかに関係なく，会社としてサービスの提供や品物の受け渡しが完了していたり，もしくは請求書を顧客に対して発行したりした段階で収入として計上することで，その期間に発生した売り上げを認識することができる。

　したがって企業会計では，売上が計上されたからといってそれに相当する現金収入があったということではなく，費用が計上されたからといってそれに相当する現金支払いがあったということではない，ということに注意が必要である。

2．財務諸表の基礎知識

　財務諸表とは，企業の会計情報を開示するための書類であり，貸借対照表，損益計算書，キャッシュフロー計算書で構成されている。自社の株式を市場で取引している上場企業には財務諸表の開示義務が課せられている。財務諸表は1年間の企業の様々な活動の結果を示している。

（1）財務諸表の関係を理解する

　まずは貸借対照表，損益計算書，キャッシュフロー計算書の3つの関係を理解することが大切である。財務諸表の関係を理解するために，会社が設立されるところからみていこう。

　会社を設立する際には，出資してくれる投資家を募り，投資家に対して株式を発行する。投資家は株式を購入し，対価を会社に現金で支払う。これが「資本金」となる。会社はこの資本金として手に入れた現金を使い，ビジネスを始めるにあたって必要なものを購入する。事務所となるスペースを借り，事務機器を買い，土地を買って工場を建てたり店舗を設置したりする。

　これらのモノを全て資本金で賄うことができれば良いが，資本金だけでは足りないこともある。その場合は金融機関からお金を借りることになる。

　このように会社は，投資家と金融機関から必要な資金を集めて，それでビジネスに必要な持ち物（資産）を買う。この「どこから，どれだけお金を集めて，そのお金を使って何を持っているのか」を説明しているのが貸借対照表である。つまり，貸借対照表は会社の「持ち物表」である。

　ビジネスに必要なモノを手に入れた会社は，いよいよビジネスを始める。製品を作り，営業活動をし，お客様に製品を売って，費用を支払い，残った分が利益となる。この「売上－費用＝利益」という会社の取引を，それぞれ売上，費用，利益という単位で1年分合計して示しているのが損益計算書である。損益計算書は会社にとって1年間の事業活動の「成績表」である。

　しかしこの「成績表」だけでは，現金の流れが理解しにくい。企業会計は「発生主義」というルールに基づいているので，損益計算書だけでは「今年1年間にいくらお金が入ってきて，いくらお金を支払って，手元にいくらの現金が残ったのか」がわからない。会社は会計上で赤字になったからといって必ず倒産するとは限らないが，会社の中の現金が足りなくなったら倒産してしまう。したがって，「1年間の会社のお金の流れ」を説明する資料が必要となる。これがキャッシュフロー計算書である。

　このように，持ち物表である貸借対照表，成績表である損益計算書，1年間の会社のお金の流れを示したキャッシュフロー計算書は，会社の経営を判断する上で必要な情報を関係者に分かりやすく伝えてくれる書類なのである。

（2）貸借対照表

　それではここから，財務諸表について詳しくみていくこととする。まずは貸借対照表である。貸借対照表は「バランスシート」とも呼ばれる。貸借対照表とは，企業が事業をおこなうために持っているものを表している。貸借対照表は，資産の部，負債の部，純資産の部の3つのパートで構成される。この3つのパートの関係を理解しやすいよう，図表13－1では，資産の部を左に，負債の部と純資産の部を右に置いて対比させている。

　会社は，①ビジネスをおこなうために必要な資金を集めて，②集めた資金を

図表 13 - 1　貸借対照表

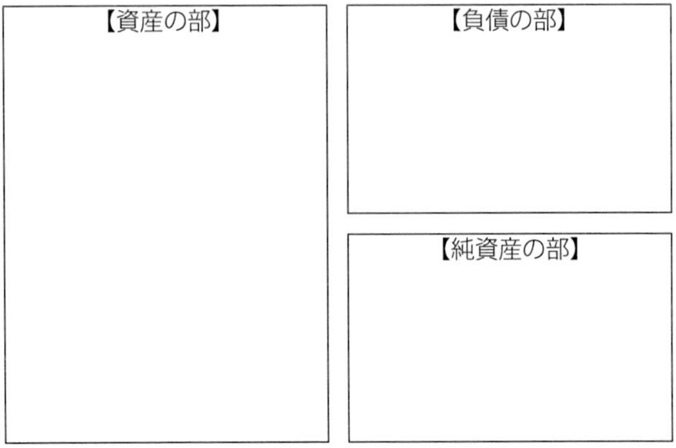

出所：筆者作成。

使ってビジネスをおこなうために必要なものを手に入れて，事業をおこなう。図表 13 - 1 の貸借対照表の右側の負債の部と純資産の部には，会社がどのように資金を集めたのかが書かれており，左側の資産の部にはその資金を使って会社は何を所有してビジネスをしているのか，が書かれている。

　貸借対照表の負債の部には，銀行借り入れや支払いを猶予してもらっている分など，他人から借りている資金が書かれている。代表的なものとしては，長期借入金，短期借入金といった金融機関からの借金，支払手形や買掛金といった将来支払わなければいけないが今は支払いを待ってもらっているもの，等である。この「支払うべき義務」のことを「債務」という。

　貸借対照表の純資産の部には，会社の自己資本が書かれている。会社の自己資本とは，株主から集めた資本金，事業から得られた利益の累積である利益剰余金が主なものである。

　例えば，2020 年 3 月期のトヨタ自動車株式会社の貸借対照表によれば，負債総額が約 5.2 兆円，純資産総額が約 12.6 兆円となっている。つまりトヨタ自動車は 2020 年 3 月末時点で，外部から借りているお金が約 5.2 兆円，自己資本が約 12.6 兆円，合計約 17.8 兆円の資金を集めて事業をおこなっているので

ある。

　貸借対照表の資産の部には，「会社の持ち物」である資産が示されている。資産とは事業をおこなうために会社が持っているものである。代表的なものとしては現金，原材料，在庫，売掛金や受取手形といった将来お金を受け取ることができる権利（債権），土地や工場・建物・機械などの固定資産，他社へ投資している株などである。

　2020 年 3 月期のトヨタ自動車株式会社の貸借対照表によれば，現金，原材料，在庫，売掛金などの債権の合計が約 6.47 兆円，固定資産の合計が約 1.45 兆円，グループ会社など他社への投資分が約 9.9 兆円となっていて，資産の部合計が約 17.8 兆円である。つまりトヨタ自動車は 2020 年 3 月末時点で約 17.8 兆円の資産を持って事業をおこなっているのである。

　以上をまとめると，貸借対照表には，

　①　会社が他人のお金及び自分のお金をどのように集めて（負債の部，純資産の部），

　②　それで何を買い，何に投資して事業をおこなっているのか（資産の部），

が書いてある。したがって，貸借対照表では以下の計算式が成り立つのである。

　　　【負債の部合計】＋【純資産の部合計】＝【資産の部合計】

　貸借対照表は「持ち物表」なので，年度を超えてもリセットされることはない。会社の設立時から継続して記録されていく。

（3）損益計算書

　損益計算書は当該年度における企業が事業をおこなった結果を，売上，費用，利益として表している。損益計算書はその年度の結果を表しているので，新年度を迎えるとリセットされてまたゼロからのスタートとなる。損益計算書の構造は以下の通りである。

図表13－2　損益計算書

		（単位：円）
Ⅰ	売上高	100,000,000.-
Ⅱ	売上原価	70,000,000.-
	売上総利益	30,000,000.-
Ⅲ	販売費及び一般管理費	20,000,000.-
	営業利益	10,000,000.-
Ⅳ	営業外収益	5,000,000.-
Ⅴ	営業外費用	2,000,000.-
	経常利益	13,000,000.-
Ⅵ	特別利益	500,000.-
Ⅶ	特別損失	200,000.-
	税引前当期利益	13,300,000.-
	法人税等	5,320,000.-
	当期純利益	7,980,000.-
	前期繰越利益	3,000,000.-
	当期未処分利益	10,980,000.-

出所：筆者作成。

① 売上高

売上高とは，「今期，いくら売上げたのか？」であり，請求書を発行済みであるもの，今期に製品・サービスの提供が完了している分の金額のことである。

② 売上原価

売上原価とは，「製品・サービスを提供する際にかかった費用」のことで，製品の場合はその製品を作るのにかかった費用，サービスの場合はサービスを提供することに費やした費用である。例えば，自動車会社であれば売上原価は「自動車の製造過程でかかる費用」のことで，工場で働く人々の給料，車を作

るために必要な原材料費，工場の水道光熱費，工場の事務所で働く人々の給料，工場事務にかかる費用，工場で使っている機械の減価償却費，などが含まれる。

③　売上総利益

　売上高から売上原価を引いて，売上総利益が計算される。他の会社の売上総利益と比較することで，「当社は効率よく（＝安い原価で）モノを作っているのだろうか」ということが解る。

④　販売費及び一般管理費

　販売費及び一般管理費とは，会社の営業経費や本社の経費である。例えば会社の営業員の給料，経理部門や総務部門など本社の管理部門で働く人の給料などのほかに，交通費，接待交際費，本社の水道光熱費，本社のビルの減価償却費，家賃など，工場以外で発生する殆ど全ての費用が計上されている。

⑤　営業利益

　売上総利益から販売費及び一般管理費を引いて，本業からの利益である営業利益が算出される。後述する経常利益がプラスであっても，営業利益がマイナスであった場合には，「本業からの利益は出ていない」ことになる。営業利益が十分に出ていることが会社の成長と持続性の鍵と考えられる。

⑥　営業外収益

　営業外収益とは，銀行に預けていたお金の利息や投資していた株からの配当金など，本業以外で得られた収入である。

⑦　営業外費用

　営業外費用には，会社が銀行から借りたお金に対して発生する利息や投資用の株を売って出た損など，本業以外で発生した費用である。

170

⑧　経常利益

　営業利益に営業外収益を加え，営業外費用を引いて，経常利益が求められる。つまり経常利益はその会社の総合成績のようなものである。

⑨　特別利益と特別損失

　普段は起こらないようなことが起こったときに発生した利益や損失である。例えば，会社が所有していた事業用の土地を売却した利益／損失，天災による被害額などが該当する。

⑩　税引前当期利益

　当該年度に最終的に会社が生み出した利益／損失である。

⑪　法人税等

　税引前当期利益に対して，法人税の支払い義務が生じる。法人税には，利益に対して発生する税金と，本社所在地である自治体に対して納める法人住民税・法人事業税がある。

⑫　当期純利益

　「税引き後利益」とも呼ばれるが，税引前利益から法人税等を引き，最終的に会社に残る利益である。

⑬　前期繰越利益と当期未処分利益

　前期繰越利益とは，前期から繰り越されてきた利益で，当期未処分利益は，当期純利益に前期繰越利益を足したものとなる。当期未処分利益から株主総会の議決を経て株主への配当金や役員に対する役員賞与（役員のボーナス）が支払われる。

（4）キャッシュフロー計算書

　キャッシュフロー計算書は，名前が示す通り企業活動における「現金の流れ」を示している。これまで説明してきた貸借対照表と損益計算書は，会計原則の1つである「発生主義」に基づいて作成されている。発生主義とは先に述べた通り「取引が発生した段階で認識する」という会計のルールである。

　企業会計では発生主義に基づき，自社から顧客に製品やサービスの提供が完了した段階で，顧客から代金の支払いが完了していなくても，「売上」として計上される。「売上」が計上されるとその売上に関連した「費用」も計上されて，「利益」が損益計算書に計上される。したがって，損益計算書上の利益が計上されているからといって，必ずしもそれに相当する現金を会社が回収しているとは限らない。つまり損益計算書だけでは企業活動の現金の流れを把握することは難しいのである[1]。

　投資家にとって企業の現金の流れを把握することは，投資判断をする上で非常に重要である。そこで企業の現金の流れを説明する資料として，キャッシュフロー計算書を作成するのである。

　キャッシュフロー計算書の構造は図表13 - 3の通りである。

　キャッシュフロー計算書では企業の活動を年度単位で捉え，

① 　営業活動によるキャッシュフロー

② 　投資活動によるキャッシュフロー

③ 　財務活動によるキャッシュフロー

に分けて示している。

　営業活動によるキャッシュフローとは，会社が営業活動で得た現金がいくらか，を示している。これがマイナスの場合，その年の営業活動からの入金額よりも出金額の方が多いということなので，会社の経営としては苦しい状況であると考えられる。

　投資活動によるキャッシュフローとは，工場や建物など事業資産の購入・売却，投資有価証券等の購入・売却で動いた現金が記載される。ここがマイナス

172

図表13-3　キャッシュフロー計算書

```
 I  営業活動によるキャッシュ・フロー        ×××
    税引前当期純利益
        減価償却費
        法人税等
        役員賞与等
        売上債権の増減
        棚卸し資産の増減
        仕入れ債務の増減
    営業活動によるキャッシュ・フロー
 II 投資活動によるキャッシュ・フロー        ×××
        投資有価証券の購入
        土地・建物の購入
    投資活動によるキャッシュ・フロー
 III 財務活動によるキャッシュ・フロー       ×××
        借入金
        配当金の支払
    財務活動によるキャッシュ・フロー
 ネットキャッシュ・フロー               ×××
 現金及び現金同等物期首残高             ×××
 現金及び現金同等物期末残高             ×××
```

出所：筆者作成。

の場合，新たな投資をした（例：工場を建てた，ビルを建てたなど）ことを示している。ここがプラスとなるのは，その会社が持っている事業資産を売却したケースである。したがって，通常はマイナスになっているケースが多い。

　財務活動によるキャッシュフローとは，銀行から現金を借りた／返済した，配当金を支払った，資本金を増やした，といった財務取引の結果が記載されている。銀行から借り入れた場合など現金が入ってきたらプラス，現金を返済した場合にはマイナスとなる。

　キャッシュフロー計算書によって，どこから現金が入ってきて，何に使われたか，という現金の流れを把握することができる。一般的に優良企業の場合，営業活動によるキャッシュフローの合計金額（＋）で，投資活動によるキャッシ

ュフロー（−）をカバーしている。つまり，銀行からお金を借りてこなくても，会社の運営に必要なお金は日々の営業活動で賄っている，ということである。

　一方で経営が非常に苦しい会社では，営業活動によるキャッシュフローと財務活動によるキャッシュフローがマイナスで，投資活動によるキャッシュフローがプラス，という状況になってしまう場合がある。この場合，営業活動からの入金よりも支払う現金の方が多く，また銀行からこれ以上お金を借りることができないので，会社は資産を売却して何とか必要なお金を作っている，という状況に陥っている可能性がある。

　また営業活動によるキャッシュフローから投資活動によるキャッシュフローを引いたものをフリーキャッシュフローという。フリーキャッシュフローは企業の成長・存続の観点から非常に重要であり，プラスになっていることが望ましい。このフリーキャッシュフローに注目して経営管理をおこなうことをキャッシュフロー経営という。

3．財務分析

　財務諸表の数値を用いて経営分析をおこない経営課題を見つけて対策を講じることは，企業価値を高める上でも非常に重要である。経営分析をおこなう際には，同業他社と比較すること，複数年度を比較して変化をみることが重要である。ここでは，企業価値を高めるという視点からキャッシュフローと事業リスクの観点に基づき説明する。

（1）貸借対照表を使った経営分析

　企業価値向上につながる経営で重要なことは，ムダを排除して資産を効率的に活用すること，経営の安全性を高めること，である。そこで貸借対照表を用いた効率性分析と安全性分析に用いる指標について述べる。

174

① 効率性分析

　効率性分析は，会社の資産に注目し，「同じことをやるなら，使うものは少ない方が良い」という考え方に基づいている。つまり少ない資産でより大きな効果を上げることを目指すのである。そのためには，資産の回転率を高めることが重要である。資産の回転率が高まるということは，キャッシュフローが増えることにつながる。キャッシュフローが増えれば金融機関からの借入金を減らすことができ，支払利息も減少し経常利益を増やす効果もある。

　1）総資産回転率＝売上高÷総資産

　売上高と総資産の比率であり，この数値は高い方が良い。総資産回転率を高めるためには，在庫，仕掛品，売掛金，事業用途以外の土地や建物，使用していない設備などを確認して，これらを減らす方法を検討する必要がある。

　在庫を減らすためには，生産のリードタイムを短縮する，部品や原材料の共通化をはかる，需要予測精度を高める，製品を見直して売れない商品を廃版にするなどが必要である。仕掛品を減らすためには，製造工程を見直して滞留品の発生を防ぐ，製品のプラットフォーム化による共通化を進める，生産リードタイムを短縮するなどが必要である。売掛金を減らすためには，回収期間を短くする，与信管理を徹底し不良債権化を防ぐなどの対策が有効である。事業用途以外の土地や建物，使用していない設備などは保有しているだけでも費用が発生するので，売却を検討すべきである。

　2）固定資産回転率＝売上高÷有形固定資産

　売上高と有形固定資産の比率であり，この数値は高い方が良い。固定資産回転率を同業他社と比較した際に自社の数値が低い場合，自社の有形固定資産が過剰投資であること，稼働率が低いことが想定される。例えば，自社で製造設備を持たずに外注先を活用する，土地や建物は賃貸で出店する，狭い土地を有効に活用して生産効率を高めるなど，少ない固定資産で最大の効果を上げる方法を考えるべきである。固定資産は金融機関に対する担保としての価値も有す

るが，固定資産は他の目的に流用しにくいなど資金の固定化につながる要素も
あるため，注意が必要である。

　3）棚卸資産回転率＝売上高÷棚卸資産

　売上高と棚卸資産の比率であり，この数値は高い方が良い。12 か月を棚卸
資産回転率で割ると，在庫回転期間を求めることができる。棚卸資産回転率が
低いということは在庫を過剰に持っている可能性が高い。在庫が過剰になる
と，在庫が売れずに廃棄損になったり，在庫処分セールをおこなった結果売上
の先食いになってしまって利益率が低下したり，在庫がなくなるまで新製品の
発売が出来なくなったりするなど，様々な課題の原因となる。在庫を減らすた
めには，生産リードタイムを短くすること，販売予測精度を高めること，製品
数を減らすこと，売れない商品は廃版にするなどの対策を講じるべきである。

② 　収益性分析

　収益性分析は，会社の資産と資本に注目し，これらが効率よく利益創出に繋
がっているかどうかを測定する。先ほどの効率性分析と同じく，「同じ利益額
なら，投下する資産と資本は少ない方が良い」という考え方に基づいている。

　1）総資産利益率（ROA：Return on Asset）＝営業利益÷総資産

　営業利益と総資産の比率であり，この数値は高い方が良い。ROA が高いと
いうことは，資産を効率よく使って利益を上げていることを意味する。同業他
社と比較して自社の ROA が低い場合には，同業他社よりも経営効率が悪いこ
とを意味するため，自社の事業資産の活用方法や事業の実施・運営方法を見直
してみる必要がある。

　2）株主資本利益率（ROE：Return on Equity）＝当期純利益÷株主資本

　当期純利益と株主資本の比率であり，この数値は高い方が良い。この数値を
上げるためには，株主資本を減らして借入金を増やすという方法が考えられ

176

る。これをレバレッジ効果というが，借入金が増えすぎると返済リスクが高くなるので注意が必要である。

③ 安全性分析

安全性分析は，「十分な支払い能力を保っているか」である。したがって注目すべき点は短期的な支払い義務と現金及び同等物のバランス，資本調達のバランスである。

1）流動比率＝流動資産÷流動負債

流動負債に対して流動資産の方が多ければ，十分な支払い能力を持っていると考えられる。一般的には流動比率が200％以上あることが望ましいといわれている。もし流動比率が低い場合には，現金残高に着目し手元現金を増やす方法を考える。具体的には売掛金の早期回収，ムダな借入金を減らして返済金と利息を減らす，社内のムダな費用を削減して支払いを減らすなどである。

2）自己資本比率＝自己資本÷総資本（総資産）

自己資本比率が高い方が経営は安定化してリスクが低下する。自己資本比率が低い場合にはムダな資産を売却して現金化したり，費用の削減によりキャッシュフローを改善して手元現金を増やし，借入金の返済を進めるなどの対策を講じる必要がある。

（2）損益計算書を用いた経営分析

損益計算書を分析することにより，収益性を把握することができる。損益計算書には，売上総利益，営業利益，経常利益が記載されているが，これらの数値と売上高の比率を計算して競合他社や過年度実績と比較することで，自社の収益性を評価することができる。

① 売上高総利益率＝売上総利益÷売上高
② 営業利益率＝営業利益÷売上高

③ 経常利益率＝経常利益÷売上高

　競合他社と比較して売上高総利益率が低い場合には，自社製品の付加価値が低いか，原価率が高い可能性がある。同じように営業利益率が低い場合には，間接部門経費が多いことが想定される。経常利益率が低い場合には，資金調達方法に課題がある可能性がある。

4．管理会計

　管理会計は，社内において各業務プロセスからデータを集計し，経営上の意思決定に必要な数値を作成することを目的としている。主なものとしては，CVP 分析（Cost-Volume-Profit analysis），利益差異分析，セグメント別損益計算などがある。

（1）CVP 分析と損益分岐点
　CVP 分析とは，目標利益を達成するために必要な売上金額の計算や，利益も損失も発生しない損益分岐点の計算に用いる。CVP 分析では，費用を売上に応じて比例的に変化する変動費と，売上とは関係なく一定金額が発生する固定費に分ける。売上に対する変動費の割合を変動費率（＝変動費÷売上）という。また売上から変動費を引いた残りを限界利益という。CVP 分析では，限界利益から固定費を引き，残ったものが最終利益となる。

　損益分岐点とは，利益も損失も発生しない売上のことで，つまり限界利益＝固定費となる点である。限界利益は売上－変動費であることから，

　　限界利益＝売上×（1 －変動費率）

で求めることができる。つまり損益分岐点の売上は，

　　損益分岐点売上＝固定費÷（1 －変動比率）

で求めることができる。売上，損益分岐点，固定費，変動費の関係を図に示す

図表 13 − 4　損益分岐点

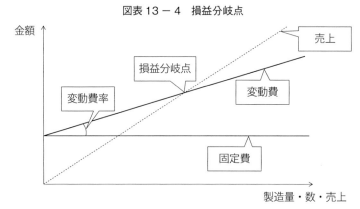

出所：筆者作成。

と以下の通りとなる。

（2）利益差異分析

　利益差異分析は計画と実績を比較することで，実績値を評価分析し課題を明らかにすることを目的としておこなう。例えばある飲食店で，客単価 1 万円で100 人のお客様をお迎えして 100 万円の売上を当月目標としたとする。翌月末に集計したところ，客単価は 8,000 円であったが 125 人のお客様をお迎えできたので 100 万円の売上を達成していた。この飲食店では，価格差異が − 20 万円（＝（8,000 円 − 10,000 円）× 100 人），数量差異が ＋ 20 万円（＝（125 人 − 100 人）× 8,000 円）発生していたことになる。つまりこの飲食店は，計画以上のお客様をお迎えすることができたが客単価ではマイナスとなっていることが解る。このように利益差異分析をおこなうことで，数量差異と価格差異を捉えることができ，そこから対処すべき課題を明確にすることが可能となる。

（3）セグメント別損益計算書

　セグメント別損益計算書とは，CVP 分析の考え方を応用し，製品品種別や事業部別に企業のセグメント単位で利益計算をおこない，各セグメントが経営

に対してどの程度貢献しているのかを判断するものである。

　セグメント別損益計算では，貢献利益を算出する。貢献利益の計算式は以下の通りである。

　　　貢献利益＝売上高－変動費－個別固定費

　固定費は，各セグメントに直接関連付けられるか否かにより個別固定費と共通固定費に分類する。各セグメントの貢献は，売上高から変動費と個別固定費を引いた残りの貢献利益で評価する。貢献利益が大きいセグメントは経営に対する貢献度が高いことになる。

【注】
1 ）　損益計算書と貸借対照表を組み合わせて計算すれば実際の現金の流れを求めること
　　はできるが，会計知識がないと簡単にこれを計算することはできない。

参考文献
　伊藤邦雄訳「企業評価と戦略経営　キャッシュフロー経営への転換」（日本経済新聞社，
　　2000）〔原典：Measuring and Managing the Value of Companies, Tom Copeland/
　　Tin Koller/ Jack Murrin/ McKinsey & Company, Inc., 1994, 1995〕
　グロービス・マネジメント・インスティテュート訳「新版　ファイナンシャル・マネ
　　ジメント」（ダイヤモンド社，2006）〔原典：Analysis for Financial Management,
　　6/e, Robert C. Hggins, 2001〕

第14章 キャッシュフロー経営と 投資の判断

キーワード

複利計算，貨幣の時間的価値，DCF法，内部収益利益率法，資本コスト

会社にとって重要なことは，会計上の利益が黒字か赤字かのみならず，投資に対してどれだけのキャッシュフローを生み出しているかです。少ない投資で沢山のキャッシュフローが創出されていれば，そのビジネスは大変高い利回りを実現しています。M&Aの際の会社の買収価格の決定や，投資をするかどうかの判断は，この章に書かれていることを基本としておこなわれています。一つ一つの項目を丁寧に見ていけば，必ず理解できます。電卓を片手に実際に計算しながら読み進めていきましょう。

1．複利計算と単利計算

（1）金利とは何か

銀行にお金を預けておくと，利子がつく。この利子は，「金利（きんり）」と呼ばれる銀行が定めた利率を用いて以下の計算式によって計算される。

利子＝銀行に預けているお金×金利（％）

通常，この金利は1年間預けたときの利率を表示している。つまり，銀行の設定する金利が1.2％／年だとすると，1月だけ銀行に預けた場合は，1.2％÷

12か月 = 0.1％の金利しか発生せず，3か月預ければ1.2％ ÷ 12か月 × 3か月 = 0.3％となる。

　利子の計算方法は，「複利」と「単利」という2種類がある。複利計算では，元本と利子の合計金額に対して金利をかけて利子を求める。単利計算では，常に元本に対してのみ金利をかけて利子を求める。

　例えば，A会社が銀行に100万円預けたとする。B銀行の金利は1.2％／年である。A会社がX1年末から銀行に5年間100万円預けたら，5年後にはいくらになっているであろうか。

図表14－1　複利の計算（単位：円）

	利子	合計
X1年		1,000,000
X2年	12,000	1,012,000
X3年	12,144	1,024,144
X4年	12,290	1,036,434
X5年	12,437	1,048,871
X6年	12,586	1,061,457

出所：筆者作成。

　結論からいえば，A会社はX6年末には，¥1,061,457円を受取ることになる。この計算過程は以下の通りである。

　　X2年の利子：1,000,000円 × 1.2％ = 12,000円

　　X3年の利子：（1,000,000円 + 12,000円）× 1.2％ = 12,144円

　　X4年の利子：（1,000,000円 + 12,000円 + 12,144円）× 1.2％ = 12,290円

　つまり，複利計算とは，元本に対してのみ金利がかかるのではなく，すでに発生した金利に対しても金利が発生するのである。n年後の金額を複利計算で求めるための計算式は以下の通りである。

　　n年後の金額 = 元本 × $(1 + 金利)^n$

　一方の単利計算では，常に金利を元本にのみ掛けて計算する。したがって利子は常に一定となる。先ほどと同じ条件で 5 年間の利子および利子と元本の合計金額を単利計算で求めると，図表 14 − 2 の通りとなる。

図表 14 − 2　単利の計算（単位：円）

	利子	合計
X1 年		1,000,000
X2 年	12,000	1,012,000
X3 年	12,000	1,024,000
X4 年	12,000	1,036,000
X5 年	12,000	1,048,000
X6 年	12,000	1,060,000

出所：筆者作成。

　複利の表と比べて異なるのは，利子が常に 12,000 円であるということである。単利計算による n 年後の金額を求める計算式は以下の通りとなる。

　　n 年後の金額＝元本×（1 ＋金利× n）

（2）貨幣の時間的価値（将来価値と現在価値，割引率）

　図表 14 − 1 によれば，金利が 1.2％／年の銀行に 100 万円を預金すると，5 年後には 1,061,457 円になることが解る。この 5 年後の金額（1,061,457 円）のことを「将来価値」という。

　それでは，5 年後に 100 万円を手にするためには，金利 1.2％／年の銀行にいくら預けておけばよいのだろうか。5 年後に 100 万円を手にするために預ける元本を X 円とすると，

　　$100 万円 = X 円 \times (1 + 1.2\%)^5$

という方程式を解けば良い。これを解くと X ＝ 942,101 円となる。この 942,101 円を，金利 1.2％／年という条件で計算した 5 年後の 100 万円の「現在

価値」という。当然のことながら，金利が変わると「将来価値」，「現在価値」とも変動する。

また将来価値と現在価値を計算するために，この例では金利を1.2％として計算をおこなった。この1.2％のことを「割引率」と呼ぶ。

2．DCF（Discounted Cash Flow）法による投資評価

（1）投資評価の基本的な考え方と投資回収期間法

新規事業への投資や事業拡大のための施設への投資をする際には，事業計画や投資計画を立案し，その投資によって得られるリターンがある水準を超えるだろうと判断される場合に投資を実行することになる。

したがって，投資をする場合には，

① 投資によって得られるリターンはいくらなのか。

② 投資によって得られるリターンがある水準を超えているのか。

という２点を求める必要がある。

まず投資によって得られるリターンとは，以下の計算式で求められる。

投資によって得られるリターン
＝投資によって得られるキャッシュフロー－投資金額

例を用いて説明すると，あるホテルの建設計画があるとする。ホテルの建設には総額30億円が必要である。ホテルがオープンした際には，毎年の売上として20億円が見込まれていて，毎年発生する費用は15億円である。この条件を表に示すと図表14－3の通りとなる。

建設時のキャッシュフローの－30億円は投資金額を表している。図表14－3より，①このホテルへの投資によって得られるリターンは毎年5億円であることが解る。

次に上記②の投資によって得られるリターンがある水準を超えているのか，を測定する。もっとも単純な方法としては，投資回収期間法がある。上記の例

図表 14 － 3　ホテルのキャッシュフロー表（単位：億円）

	建設時	1年目	2年目	3年目	4年目	5年目	6年目	7年目	8年目
売上（億円）		20	20	20	20	20	20	20	20
費用（億円）		15	15	15	15	15	15	15	15
キャッシュフロー	-30	5	5	5	5	5	5	5	5

出所：筆者作成。

を用いれば，30億円の投資金額は何年間で回収できるのかを計算して求める。計算の結果，上記ホテルへの投資金額30億円は6年間で回収できることが解る。

（2）正味現在価値法（NPV法）による評価

　しかしここで，大きな問題に直面する。先ほどの計算では投資金額は6年間で回収できるとしたが，この6年間というのは回収期間として妥当なのだろうか。もし妥当だとするとその根拠は何なのか。また投資回収期間法の計算では，投資金額である30億円も，将来のキャッシュフローである各年の5億円も同じものとして計算している。これは投資評価の視点から見て正しいのだろうか。

　この問題を解決する投資の判断方法として，正味現在価値法がある。正味現在価値法とは，将来のキャッシュフローをある割引率を用いて現在価値（Present Value：PV）に戻して合計し，それを投資金額と比較するのである。これを図に示すと図表14 － 4の通りとなる。

　図表14 － 4では，割引率を仮に3％と設定し，各年のキャッシュフローの

図表 14 － 4　現在価値を用いたキャッシュフローの計算（単位：億円）

	建設時	1年目	2年目	3年目	4年目	5年目	6年目	7年目	8年目
売上（億円）		20	20	20	20	20	20	20	20
費用（億円）		15	15	15	15	15	15	15	15
キャッシュフロー	-30	5	5	5	5	5	5	5	5
割引率3％でPVを計算	35.1	4.9	4.7	4.6	4.4	4.3	4.2	4.1	3.9

出所：筆者作成。

現在価値を求めて合計した。その結果，8 年間のキャッシュフロー合計は 35.1 億円となった。この結果によれば，このホテルへの投資は，割引率を 3% とすれば，ホテル投資から得られるリターンの現在価値合計が投資金額を 5.1 億円上回るため，投資する価値がある，という判断になる。この 5.1 億円を「正味現在価値（Net Present Value）」という。

　正味現在価値法では，正味現在価値 ≧ 0 であれば投資をおこなう，と判断する。正味現在価値がマイナスになった場合には，投資はおこなわない。

（3）内部収益利益率法（IRR 法）による評価

　NPV 法では毎年のキャッシュフローを現在価値に割り戻し，その合計金額を投資金額と比較することで投資判断をする。つまり正味現在価値が多い投資案件ほど魅力的な投資案件であるということになる。しかし，多くのビジネスでは投資できる金額には限界がある。同じ投資金額であれば，正味現在価値が高い方が魅力的であるが，もし投資金額が異なった場合にはどのように評価すべきだろうか。

　この問題を解決するためには，投資案件の利回りを計算して比較する必要がある。この投資案件の利回りのことを内部収益利益率（Internal Rate of Return：IRR）という。

　内部収益利益率とは，正味現在価値 = 0 となる割引率のことである。先の例をもちいて計算すると，図表 14 - 5 の通りとなる。内部収益率はエクセルの

図表 14 - 5　内部収益利益率を用いたキャッシュフローの計算（単位：億円）

	建設時	1 年目	2 年目	3 年目	4 年目	5 年目	6 年目	7 年目	8 年目
売上（億円）		20	20	20	20	20	20	20	20
費用（億円）		15	15	15	15	15	15	15	15
キャッシュフロー	-30	5	5	5	5	5	5	5	5
内部収益利益率	6.9%								
内部収益利益率を用いて計算した PV		4.7	4.4	4.1	3.8	3.6	3.4	3.1	2.9

出所：筆者作成。

IRR 関数を用いることで簡単に計算できる。その結果，内部収益利益率は 6.9％と求められた。割引率 6.9％で各年のキャッシュフローを現在価値に割り戻して合計したところ 30 億円となり正味現在価値＝ 0 となる。つまり，このホテルへの投資の利回りは 6.9％である。

内部収益率を用いて投資判断をする場合には 2 つの方法がある。

① 内部収益率を比較して，高い方を選ぶ。

② 内部収益率を投資の基準と比較して，投資基準を超えていれば投資をする。

内部収益利益率は，計算する期間によって計算結果が変わるため，比較する場合には計算期間を揃えておかなければならないことに注意する。

（4）投資基準の考え方

正味現在価値を求める時には，ある割引率を用いて計算をする。また内部収益利益率を判断基準として使用する場合にも，ある投資基準と比較すると述べた。それでは，この割引率と投資基準はどのように決定するのだろうか。

これを理解するためには，あらためて会社の資金調達方法に立ち戻って考える必要がある。

① 加重平均資本コスト

13 章で学んだ通り，会社は株主からの投資（出資）と金融機関からの借り入れ（融資）により必要な資本を調達している。したがって会社は，株主と金融機関に対して，それぞれ出資と融資に対する費用を支払わなければならない。株主に対して支払う費用とは，株主が期待している利益のことであり，金融機関に対して支払う費用とは借入金に対する利息である。この会社が資本を調達するために支払うべき費用のことを「資本調達コスト」と呼び，出資と融資の割合で求めた会社全体の資本調達コストのことを加重平均資本コスト（WACC：Weighted Average Cost of Capital）という。計算式は以下の通りである。

$$\text{WACC} = \text{加重平均負債コスト} + \text{加重平均株主資本コスト}$$

加重平均負債コスト

$$= \text{借入金に対する金利（％）} \times (1 - \text{法人税率}) \times \text{負債比率（％）}$$

$$\text{加重平均株主資本コスト} = \text{株主の期待利益} \times \text{株主資本比率（％）}$$

借入金に対する金利はあらかじめ金融機関との間で取り決められている。金利に（1 − 法人税率）を掛けるのは，金利を支払うことにより利益が減り，結果的に法人税が減るので，その節税効果を表している。

② 株主資本コストの求め方

ここで株主の期待利益の考え方について説明する。

会社や事業への投資はリスクを伴う。つまり会社や事業への投資はリスクを背負うことになる。したがって，会社や事業への投資において期待する収益率（期待収益率）は，次の要素で構成される。

$$\text{期待収益率} = \text{リスクフリー・レート} + \text{リスク・プレミアム}$$

リスクフリー・レートとは，リスクのない投資に対する利率のことである。つまり債務不履行になってしまうリスクのない債券の期待収益率と等しいと考え，償還期間 10 年の国債に対する期待収益率を用いる。

リスク・プレミアムとは，リスク資産に投資することに対する見返りである。日本取引所グループの統計資料によれば，過去 10 年間の普通株式の年利回りは平均約 2.0％である。同じく，過去 10 年間の 10 年国債の年利回りは平均約 0.5％であるから，株式の年平均利回りは国債よりも約 1.5％上回っている。これをリスク・プレミアムとして，2020 年時点での 10 年国債の利率である 0.03％に加えると 1.53％となり，これが典型的な日本企業の株主資本コストとなる。

しかし，全ての企業が平均値と一致するリスクであるとは考えられない。そこで個別企業のリスクを反映させた株主資本コストを求める必要がある。その

ために，企業の株式ベータ（β）として知られている係数を用いる。これを用いることによって，株主資本コストを求める計算式は以下のようになる。

株主資本コスト＝国債の利率＋β×リスク・プレミアム

株式ベータとは，市場全体と個別企業の株式の動きを表している。$\beta = 1$の場合，その会社の株価は市場全体とほぼ同じ動きをしめす。つまり株式市場全体が10％アップすれば，その会社の株式も10％アップする。βが1以上ということは，株式市場全体の値動きよりもその会社の株式は大きく変動する。またβが1以下ということは，株式市場全体の値動きよりもその会社の株式の変動は小さいということになる。

例えば，トヨタ自動車の過去3年間の推計βは2020年8月時点で0.72（日本経済新聞）である。これを用いてトヨタ自動車の株主資本コストを計算すると，

トヨタ自動者の資本コスト
＝国債の利率0.03％＋β 0.72×リスク・プレミアム1.5％＝1.11％

と求めることができる。

③　投資基準の設定
ここまでの計算により，加重平均負債コストと加重平均株主資本コストを求めることができ，それを合計することで加重平均資本コスト（WACC）を求めることができる。
つまり企業はWACCで資本を調達し，それを事業に投資しているのであるから，その事業の期待利回りがWACCを超えるものでなければ投資する意味がない。もし事業の期待利回りがWACCを下回っていたら，その事業から得られた利益では金融機関と株主に対する支払い総額に足りない，ということになる。
また事業投資の場合には，その事業が持つ固有のリスクも考慮しなければならない。したがって，企業では投資のための基準として，WACCに投資リス

クに対する超過収益率を加えたものを投資の判断基準として設定する。これを
「ハードル・レート」という。

　　　ハードル・レート＝WACC＋投資リスクに対する超過収益率

　この投資リスクに対する超過収益率の設定は各企業の判断となる。例えば，
先の例にしたがえば，ホテル投資を考えている A 社の WACC が 3% だったと
する。また A 社は今回のホテル投資に対する超過収益率として 5% を期待し
ているとすれば，ハードル・レートは 8% となる。これが投資の基準となる。

　A 社がこのホテル投資案件の正味現在価値を計算する際の割引率は 8% を用
いることになる。また図表 14 - 5 の例にしたがうと，このホテル投資案件の
内部収益率は 6.9% であり，ハードル・レートを下回っている。つまり，この
ホテル投資案件の利回りはハードル・レートを下回っているので，A 社はこ
の案件には投資をしない，ということになる。

　A 社がこの案件に対して投資するためには，つまり IRR を 8% 以上にする
為には，初期投資費用（30 億円）を 28.7 億円以下に引き下げるか，初期投資金
額が変わらないのであれば，毎年のキャッシュフローを 5.23 億円以上に増や
す必要がある，ということになる。

　以上を踏まえて，投資判断の方法を改めて整理すると以下の通りとなる。
① 　事業実施に必要な投資金額と毎年の収入・費用・キャッシュフローを計算
　　する。
② 　事業投資の判断基準となるハードル・レートを設定する。
③ 　①と②を用いて正味現在価値（NPV）を計算する。
④ 　①を用いて内部収益利益率（IRR）を計算し，ハードル・レートと比較する。
⑤ 　これらの結果を総合的に判断し，事業計画の修正や投資判断をおこなう。
⑥ 　リスクと資本調達コストの両方の視点から，最適な資金調達方法の組み合
　　わせを決定する。
　DCF 法による投資機会の評価は，ビジネスにおいて必須のスキルである。

難解なパートではあるがぜひ理解するようにしてほしい。

3．投資のための資金調達方法

　これまでの議論から，投資の判断では資本調達コストが重要であることが理解できたであろう。そこで資本調達コストの視点を含めて，資金調達方法を考えてみることとする。

　資本調達コストの視点から考えれば，借入金の比率を増やすことが WACC を引き下げることにつながるが，企業が用意できる担保や借入金返済に関わるリスクを考慮すると，株主からの出資やプロジェクト・ファイナンスの活用も考えて最適な資金調達バランスを実現しなければならない。

　以下に，企業の代表的な資金調達方法について説明する。

（1）金融機関からの借入金

　金融機関からの借入金には長期借入金と短期借入金がある。長期借入金とは返済期間が１年を超えるもので主な用途は設備投資など，多額で長期間使用するものを購入する場合に使われる。短期借入金とは返済期間が１年未満のもので，主な用途は運転資金である。

　金融機関から借り入れる場合には，一般的には事業計画の提出，担保の準備などが必要である。事業計画では借入期間の経営計画と資金繰り表を作成し，金融機関に対する返済計画を示す必要がある。また多くの金融機関で担保の提供を求められる。担保とは，土地・建物など価値のある資産に金融機関が抵当権を設定することで成立する。抵当権とは，もし返済が滞った場合には，金融機関が担保物件を差し押さえて市場で売却して現金化し，貸出金を回収することができるという権利である。抵当権が設定されていても企業はその不動産を使用することは可能であり，返済が完了すれば抵当権は解除される。

　金融機関からの借り入れに際しては，返済期間と利息が設定される。一般的に民間金融機関からの長期借入金の返済期間は８～１０年が上限となっている。

政府系金融機関の場合，より長期の返済期間の設定も可能である。利息は借主である会社の信用状況によって変動する。経営が安定している会社であれば低利での借り入れが可能であるが，リスクが高い会社の場合は金利が高くなる。

　短期借入金の場合には，一般的には借入金の上限を決めておき，その範囲内で自由に現金の出し入れが可能になっている。

（2）プロジェクト・ファイナンス

　プロジェクト・ファイナンスとは，その事業が生み出すキャッシュフローを担保にして金融機関が資金を融資する方法である。大規模不動産開発や石油開発など，多額の資金を必要とし尚且つ将来のキャッシュフローが安定的に見込める事業に対する融資で使われる。

　プロジェクト・ファイナンスの場合，その事業から得られた現金は，まず最優先で融資元である金融機関に支払われ，残った現金から事業費用の支払いなどがおこなわれる。もし返済が滞った場合には，融資元である金融機関がその事業そのものを差し押さえて，別の事業主体に経営を委託することも可能である。不動産などの担保を用いないため金融機関にとってはリスクが高いため，金利が高く設定される。また単独の金融機関ではそのリスクを背負いきれない場合には，複数の金融機関が協力して融資をおこなうこととなる。

（3）社　債

　社債とは会社が発行する債券である。金融機関の借り入れよりも長期間の借り入れと多額の資金調達が可能であること，また満期時の返済方法も現金のみならず自社株を用いるなど，様々な方法を組み合わせることが可能である。具体的には，企業は投資家に社債を購入してもらう。社債には企業が定めた額面金額と，クーポンと呼ばれる利息が設定されている。投資家は満期まで社債を所有してもよいが，社債は有価証券なので市場で売却して現金を回収することもできる。社債には額面金額が設定されているが，社債発行元である企業の経営状況が良好であれば額面金額以上で売却することもできる。逆に投資家によ

る企業の評価が低い場合には額面金額以下での売却になってしまい，当初計画していた資金調達に満たない場合もある。

（4）株式の発行

　株式会社の場合，株式を発行して投資家から資金を調達することができる。株式の発行方法としては，上場企業などが広く投資家に販売する公募，特定の第三者に対して株式を割り当てる第三者割当，すでに株主となっている投資家に対して持ち比率に応じて株式を割り当てる株主割り当て，といった方法がある。

　株式を発行する場合には，株主総会又は取締役会の決議を受けるなど定められた手続きを踏み，目論見書と呼ばれる計画書を作成して投資家に説明しなければならない。

　株式を購入する投資家は，株には担保などは設定されておらず会社が倒産してしまえば投資資金を回収することが不可能となるため，借入金と比較して高いリスクを背負うことになる。そのため株主の期待利益は高く，経営者は株主の期待利益を超えるリターンを生み出さなければならない。

　株式には株主総会での議決権がある普通株式，議決権はないが配当が優先的に支払われる優先株式などがある。

参考文献

グロービス・マネジメント・インスティテュート訳「新版　ファイナンシャル・マネジメント」（ダイヤモンド社，2006）〔原典：Analysis for Financial Management, 6/e, Robert C. Hggins, 2001〕

トヨタ自動車株式会社　有価証券報告書　2020年3月期

日本取引所グループホームページ　統計情報（株式関連）https://www.jpx.co.jp/markets/statistics-equities/index.html（2020年8月23日閲覧）

日本経済新聞　ホームページ　β値低位ランキング　https://www.nikkei.com/markets/ranking/page/?bd=betalow&Gcode=27&hm=1（2020年8月23日閲覧）

伊藤邦雄訳「企業評価と戦略経営　キャッシュフロー経営への転換」（日本経済新聞社，2000）〔原典：Measuring and Managing the Value of Companies, Tom Copeland/ Tin Koller/ Jack Murrin/ McKinsey & Company, Inc., 1994, 1995〕

索　引

194

196

《著者紹介》

那須一貴（なす・かずたか）
　早稲田大学第一文学部中国文学科卒業
　立教大学大学院ビジネスデザイン研究科修士課程修了　経営管理学
　修士
　米国公認会計士試験合格，中小企業診断士

　プラントメーカー，経営コンサルティング会社，文教大学国際学部
　国際観光学科教授を経て
　現在，亜細亜大学　経営学部　ホスピタリティ・マネジメント学科
　教授

主要業績
　単著　『営業はストーリーで売れ』（ぱる出版，2012 年）
　共著　『企業価値創造の経営』（学文社，2007 年）
　　　　『はじめての観光魅力学』（創成社，2011 年）
　　　　『夢実現へのパスポート』（創成社，2011 年）
　　　　『新版　はじめての国際観光学』（創成社，2018 年）
　　　　『経営学用語ハンドブック』（創成社，2019 年）
　その他，学術論文多数。

（検印省略）

2021 年 3 月 30 日　初版発行
2024 年 3 月 30 日　第二版発行　　　　　　　　略称―ビジネス

ビジネス入門［第二版］
―新社会人のための経営学―

著　者　那須一貴
発行者　塚田尚寛

発行所　東京都文京区
　　　　春日 2 − 13 − 1　**株式会社 創成社**

電　話 03（3868）3867　　ＦＡＸ 03（5802）6802
出版部 03（3868）3857　　ＦＡＸ 03（5802）6801
http://www.books-sosei.com　振　替 00150-9-191261

定価はカバーに表示してあります。

組版：ワードトップ　印刷・製本　🕊
落丁・乱丁本はお取り替えいたします。

────────── 経営・マーケティング ──────────

ビ ジ ネ ス 入 門 ー新社会人のための経営学ー	那 須 一 貴	著	2,300 円
都 市 情 報 学 入 門	都市情報学研究会	編	2,950 円
大学1年生のための経営学	芦 澤 成 光	編著	2,500 円
大学生のための国際経営論	岩 谷 昌 樹	著	2,800 円
環 境 経 営 入 門 ー 理 論 と 実 践 ー	金 原 達 夫	著	1,800 円
ビジネスデザインと経営学	立教大学大学院 ビジネスデザイン研究科	編	3,000 円
働く人のキャリアの停滞 ー伸び悩みから飛躍へのステップー	山 本 寛	編著	2,650 円
働く人のためのエンプロイアビリティ	山 本 寛	著	3,400 円
イ チ か ら 学 ぶ ビ ジ ネ ス ー 高校生・大学生の経営学入門ー	小 野 正 人	著	1,700 円
脱コモディティへのブランディング ー企業ミュージアム・情報倫理と「彫り込まれた」消費ー	白 石 弘 幸	著	3,100 円
や さ し く 学 ぶ 経 営 学	海 野 博 畑 隆	編著	2,600 円
東 北 地 方 と 自 動 車 産 業 ートヨタ国内第3の拠点をめぐってー	折 橋 伸 哉 目 代 武 史 村 山 貴 俊	編著	3,600 円
おもてなしの経営学 ［実践編］ ー宮城のおかみが語るサービス経営の極意ー	東北学院大学経営学部 おもてなし研究チーム みやぎ おかみ会	編著 協力	1,600 円
おもてなしの経営学 ［理論編］ ー 旅館経営への複合的アプローチ ー	東北学院大学経営学部 おもてなし研究チーム	著	1,600 円
おもてなしの経営学 ［震災編］ ー東日本大震災下で輝いたおもてなしの心ー	東北学院大学経営学部 おもてなし研究チーム みやぎ おかみ会	編著 協力	1,600 円

（本体価格）

────────── 創 成 社 ──────────